Ⓢ新潮新書

瑞 佐富郎
MIZUKI Saburo

アントニオ猪木

闘魂60余年の軌跡

948

新潮社

まえがき　「猪木」という一灯

「おとなになってからあなたを支えてくれるのは、子ども時代の『あなた』です」

児童文学作家で翻訳家の、石井桃子の言葉である。

確かに、成長期に受けたさまざまな薫陶はその後の自分を形成し、時に助けとなる。そして、ことプロレスというジャンルにおいて、最も人心にそのような影響を及ぼした人物と言えば、やはりこの人になるのではないか。

アントニオ猪木である。

それは、片親だった寂しさや困窮を、猪木の試合を見て乗り越えた橋本真也や、喘息持ちで病弱だった少年時代、猪木の自伝『苦しみの中から立ちあがれ』を読み、プロレスラーになる夢に一念発起した高山善廣ら、本職のプロレスラーだけにとどまらない。

初めて生観戦したプロレスで、黄色いショートタイツ姿で闘う猪木を「モンシロチョウのよう」だと見初め、結果的に実況アナへと辿りついた〝闘魂の語り部〟、古舘伊知郎。

タレント片岡鶴太郎の付け人を務めつつ、芸人として漫談を披露していた春一番は、当初、全くの鳴かず飛ばず。ところが、小学生時代から憧れ中の憧れだった猪木のモノマネをし始めると、一気にブレイクした。驚くべきことに、本人が語るには、

「（モノマネの）練習とか、特にしたことがないんですけどね。目を皿のようにして観てた人だからかな（笑）」

心理学者として著名な諸富祥彦（明治大学教授）は幼少期、両親の喧嘩が始まると、母に猪木のポスターを指さされ、こう言われたという。

「あんたの本当の父親は、この人なんやで！」

以後、猪木信者として育ち、34歳の時にバラエティ番組『とんねるずのハンマープライス』で、「アントニオ猪木と10分1本勝負出来る権利」を87万円で落札し、勝負に臨む際こう告げた。

「猪木さんは私の人生の恩師。ぜひ私に闘魂を伝授して頂きたい」

この御三方からは、遥かに後塵を拝するので恐縮なのだが、１９９０年代よりプロレ

スを取材・執筆して来た不肖・筆者も、いわば同好の士のはしくれ。2021年はNHKによる猪木のドキュメント番組にも、特に知識や情報面で協力させて頂いたが、ご存じのように猪木は当時、闘病中だった。それも、放送内では明示されなかったが、時に生死の境を彷徨う重篤な状態に陥ったこともあった。それでも猪木は言った。

「こういう状況だからこそ、立ち上がる姿を見せなきゃいけない」

いみじくも、前出の諸富は、猪木との件の〝一騎討ち〟前、こうも口にした。

「（猪木さんは）命がけで生きるということは、どういうことか教えてくれた」

なお、諸富の心理学者としてのテーマは、「生きる意味」である。

無論、右記のように熱烈なファンではなく、プロレスに詳しくない人々にとっても、その人物像と軌跡は、ところどころ、胸に残っているはずだ。

ジャイアント馬場のライバルとしての猪木。

倍賞美津子の夫だった猪木。

病院に搬送されたハルク・ホーガン戦、そして、国会議員としてイラクで人質救出に尽力した姿……。

いや、それらを知らなくても、今も高校野球の応援歌として演奏される『炎のファイ

ター』、そして、もはや市民権を得たと言っても大袈裟ではないイベントや宴席での締め、

「ご唱和下さい。1、2、3、ダー！」

など、プロレスファンでなくとも知っているはずだ。猪木の与えた影響は計り知れない。

また、プロレスに興味や関心のない方は、不思議に思ったことがあるだろう。『炎のファイター』のイントロを聞くだけで盛り上がる。「燃える闘魂」という言葉がいくつになっても大好きだ。逆境から這い上がる事が人生だと信じて疑わない――という〝猪木信者〟の姿に。

なぜかくも猪木に魅せられ、心を奪われてしまうのか。もちろん、新日本プロレスの絶対エースとして君臨し、並み居る強豪相手に闘い続けてきたその姿に、というのが大きな理由ではあるだろう。しかし、それだけでは語り尽くせないほど、猪木の思考、行動、発言――その生き様のすべてに惹かれるファンがほとんどではないか。

なぜ、アントニオ猪木は人を惹きつけるのか。

本書のテーマではあるが、とは言え、である。猪木という人物は、言葉を尽くしても

とてもその魅力を表現出来る存在ではない。

例えば、先ほどの古舘伊知郎がプロレスを初観戦した時のことだ。1967年7月21日の東京・後楽園ホール。猪木はリング上から、

「明日の（神奈川県）川崎（球場大会）にも来てくれ！」

と叫んだ。しかし、親族のお金で観戦していた中学1年生の古舘は、それを追えなかった。それから10年後、テレビ朝日に入社。「研修の一環」として、プロレス会場を訪れ、猪木と再会したのは川崎市体育館。10年の時を経て、川崎で猪木と会ったのである。

春一番の猪木のモノマネは、当初、あくまで仲間内での余興で披露するためのものだった。罰ゲームの類いを受け、

「今日も負けてしまいましたが、気持ち良くやらせて頂きます」

と入るのが定番だったが、これを本格的にテレビで披露する際は、悩みに悩んだという。猪木を物真似の対象とすることに、ファンとして苦悩があったのだ。そんな春も2005年、腎不全で集中治療室に入り、瀕死の状態に。だが、ある日を境に医者が驚くほどの回復を見せた。

猪木が見舞いに来たのだ。

この時、正座で待っていた春は半ば最後の願いとして頼んだ。

「ビンタして下さい」

「今日はやめとこうぜ」猪木は即座に返し、続けた。

「それよか、病院の中で会うのはつまんねぇな。元気になったら飲みに行こう」

結果、春は遂に芸能活動にも復帰した。

そして猪木との10分1本勝負に臨んだ先述の諸富は、9分10秒、最後は卍固めに敗れ、薄れゆく意識の中、向けられたマイクに言った。

「幸せ……」

こういった諸々の感情に、他人が入り込む余地はあるだろうか。

ファンにとって、信者にとって、もっと言えば全ての人々にとって、1人として同じ猪木はいない。引退試合での入場場面における、それこそ古舘アナの実況を借りれば、「人によっては20代の、世代によっては熟年の猪木を思い起こしているかも知れない」

そんな人物である。それは、あえて正面切った言い方をさせて頂ければ、永遠のスーパーヒーローのみに許された属性であるとも思う。

本書では、各試合、もしくは事件をとりあげ、あくまでその時々の猪木の行動と発言を詳述することに努めた。その姿にファンが熱狂し、プロレス好きでなくとも「猪木教」の信者になる要素が詰まっていることがお分かりいただけると思うからだ。もちろん、個々の事実関係に違った見方や意見があっても構わない。1億人の猪木ファンがいるなら、1億通りの猪木像があるはずだと信じるからでもある。

春一番は2014年7月、肝硬変で永眠した。出棺の際、猪木の声真似で、こう挨拶する姿があった。

「今日も負けてしまいましたが、気持ち良くやらせていただきます」

それはつい先ほどまで、「1人にしないで……」と遺体に縋って泣いていた、綾夫人だった。マネージャーとして20年、結婚して18年連れ添った彼女が最後はこの言葉で、春を送った。

「ご唱和ください。1、2、3、ダー！」

春の亡骸には、猪木のそれを模し、仕事でも使った茶色のロングガウンが着せられ、首には「闘魂」と染め抜かれた、お馴染みの真っ赤なスポーツタオルが巻かれた。遺影はまさに猪木の物真似をしている春一番だった。斎場には、『炎のファイター』が流れていた。

春の死後、夫人を見かけた。猪木が関連した、イベントの手伝いをしていた。

「ふさぎこんでないで、外に出て来いよ」

と、猪木が誘ったのだという。

死に関して、猪木が好きな言葉があると聞いた。

「ロウソクの言葉」という以下である。

「私は、もうじき死ぬ。身を削って、苦しみと悲しみの中で、灯りを作り出している。でも、燃え尽きるまで、周りを照らして生きたい」

はなはだ微力ながら、拙著が「アントニオ猪木」という一灯を読者が感じられるようすがとなれば幸いである。

(文中敬称略)

2022年3月　瑞　佐富郎

アントニオ猪木　闘魂60余年の軌跡●目次

第2章　VS.好敵手　59

第3章　大勝負　103

本文写真提供　山内　猛

第1章　VS.世界

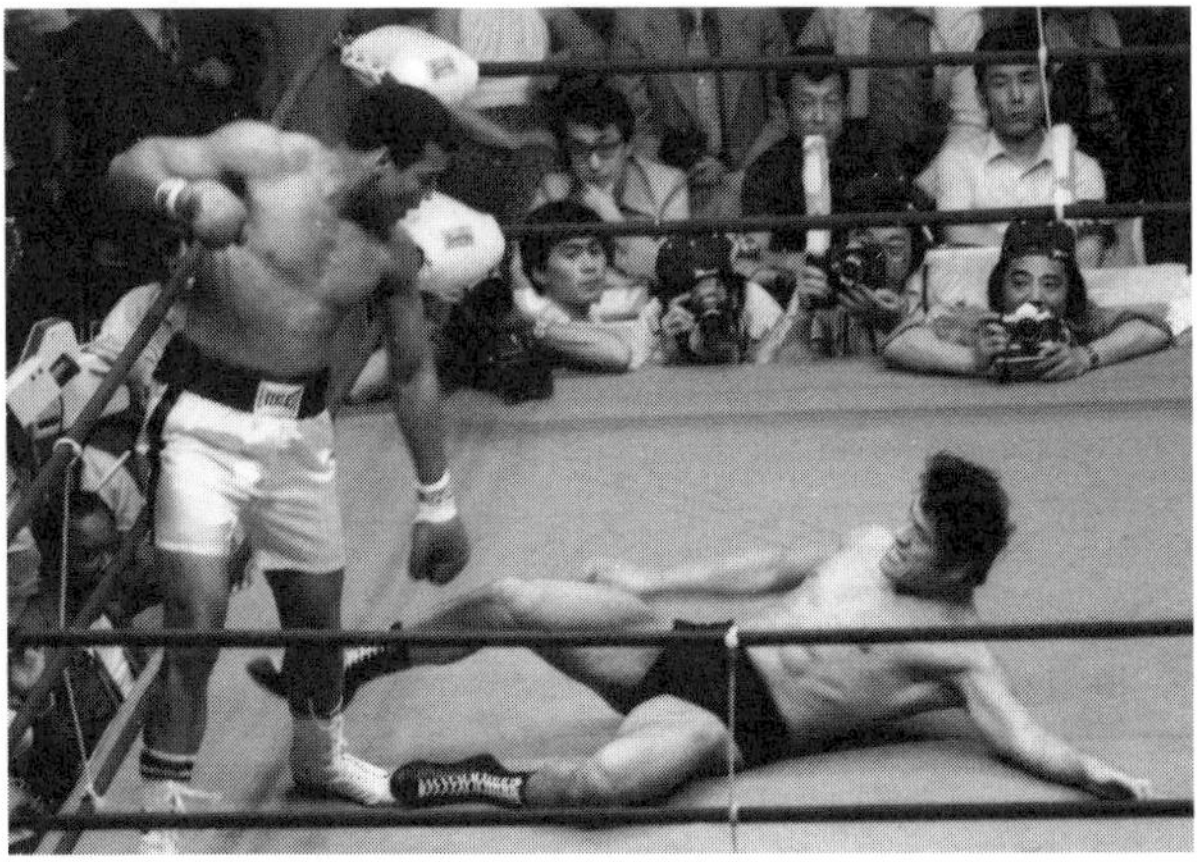

世界を舞台にする猪木

1980年代、世界的に有名なクレジットカードのCMで、こんな大意の煽り文句があった。

「海外では、誰も私のことを知りません」

〝それでも、このカードさえ持っていれば大丈夫〟というアピールへと繋ぐわけだが、これを踏まえたこんな2コマ漫画が、かつて、ある同人誌上であった。

（1コマ目）アントニオ猪木がカードを手にして言う。

「海外では、誰も私のことを知りません」

（2コマ目）周囲の諸外国人が言う。

「あっ！　アリと闘った男だよ！」

「パキスタンで、試合した人！」

「OH！　イノーキ！」

そう、先ず猪木の特長と言えば、世界を股にかけた、その圧倒的なスケールの闘いである。それはプロレスのみならず政治の世界にも及ぶわけだが、後者は第4章に譲るとして、前者に限っても、本場のアメリカやその文化が根付く欧州、メキシコで試合を披露したのは言を俟たず、果てはブラジル、韓国、中国、アラブ首長国連邦、フィリピン、ソ連（現・ロシア）まで及ぶ。しかも、ただ手広いだけではない。

１９８８年1月23、24日のイタリア遠征では、現地の告知ポスターに載っていたのが猪木ただ1人。当時の母体である新日本プロレスは1月のシリーズ中で、猪木の単独遠征だったのだが、会場のパラエウル・スポーツアリーナには、初日に1万２１２６人、2日目に1万３８５４人の観客が集結し、いずれも超満員だった。イタリアで新日本プロレスのＶＴＲが放送されていたこともあったとはいえ、猪木１人で、これだけの客を呼んだということになる（試合はバッドニュース・アレンとの2連戦で連勝）。

猪木は、世界的な有名人なのだ。

この章は、猪木が一気にその知名度を上げたモハメッド・アリ戦で口火を切る。猪木の、これ以上ないジャンピングボードになった一戦ゆえ、今まで最も取り沙汰されて来た試合と言って良いと思うが、本書では知られざる事実も抽出し、その社会的な意義に迫りたい。不可能を可能にしたことでの辛苦。そして、それを越えた先に見えた真価とは如何なるものか。それは、世間との闘いでもあった。

続いて、そのアリ戦の余波からオファーを受けた、パキスタンにおけるアクラム・ペールワン戦、そして、北朝鮮でおこなわれたリック・フレアー戦を取り上げる。こちらはプロレス未開の地、いわば、新世界との闘いとなったことを、先んじて触れさせて頂く。未知の針路を切り拓くことこそ、猪木の真骨頂だという趣意も含めて、である。

ＩＮＯＫＩの名を世界に轟かせた

猪木のツイッターには、約11万1０００人のフォロワーがいる（２０２２年3月現在）。だが、当の猪木がフォローしているのは、ただ1人である。
つまり、「1 フォロー中」とある箇所をクリックすれば、そのままダイレクトに、その人物のツイッターに飛ぶ。表示される名前は、以下である。
Muhammad Ali（モハメッド・アリ）
フォローには「後を追う」の意味がある。

猪木が闘った試合の中で、最も人口に膾炙したそれと言えば、やはり１９７６年6月26日のモハメッド・アリ戦だろう。

実はこの試合の翌日、猪木はある計画を立てていた。自らが興した新日本プロレスのレスラーや社員を引き連れて、富士山に登ろうとしていたのだ。もちろん、頂上で写真を撮る。それは、1番になったぞ！　という証し、かつアピール。つまり、猪木はアリ戦に勝つ気満々だったのである。

しかし、実際は3分15ラウンドを闘い抜き、結果は、引き分けに終わった。

この試合以降、猪木は、アリの幻影を追った感もあった。

１９８６年には、かつてアリに判定勝ちしたボクサー、レオン・スピンクスと闘い、これに勝利している。

アリのかつてのスパーリング・パートナーであり、これまたアリにＫＯ勝ちしているラリー・ホームズとは、１９８５年から何度も対戦に向けての交渉をしていた（試合は実現せず）。

異種格闘技戦で2度戦っているプロ空手家、ザ・モンスターマンは〝アリからの刺客〟という触れ込み。よくよく聞くと、アリのボディガードをしていた経験があるというだけで、こちらは言ってしまえば、ただの煽りだった。

だが、逆に言えば、そうせねばならない理由もあった。

巷間知られるように、猪木VS.アリ戦は、寝た状態からローキックを見舞う猪木と、立って戦うアリ、という構図に終始した。アリのギャラは当時の金額で約18億円。全米でクローズド・サーキット（劇場での生中継）もおこなわれ、新日本プロレスはこちらの収益をアテにしていたが、動員は惨敗。多大な負債を背負うことになる。

そのためこの試合以降、試合会場に確実に客の呼べる路線ということで、異種格闘技戦を続けざるを得なくなってしまったのだ。自明ながら、大赤字を負った理由の大きな1つは、劇的な展開に欠ける試合内容である。なにせ試合翌日、こう書いたアメリカの媒体もあったほどだ。

「終了後、記者の間からはこんな声も出た。〝わが人生の中で、ジャップどもが犯した2度目のミステークだ〟と」（サンデー・ニューズ1976年6月27日付・筆者訳）

1つ目のミスは真珠湾攻撃のことであるらしい。

余りにも強烈である。しかし、翻って、こうも言えることになる。試合の注目度は全世界規模であったと。

そう、アントニオ猪木の名前を轟かせたのだ。悪名は無名に勝るではないが、猪木という存在を、海を越えて知らしめることに成功したのである。

「アリは日本語でいえば蟻」

そもそもテレビ放送、及び全面バックアップに最初に名乗りを上げたのは、韓国の東洋放送だった。

前年75年3月の猪木の韓国遠征が成功に終わったこと、東洋放送が日本のアニメを輸入するなど、その関係が深かったこともある。しかし一番の理由は、当時の朴正煕大統領の肝いりであったことだろう。同政権下の韓国が、「漢江の奇跡」と言われる、飛躍的な経済成長を遂げていたことにあった。

これには日本からの多額の円借款も寄与しており、ならば猪木VS.アリには、（日本でもないアメリカでもない）韓国が一肌脱ごうという心意気でもあった。結局は、当然のように『ワールドプロレスリング』を放映するNETテレビ（現・テレビ朝日）による放送に落ち着いたわけだが、いざそうなってからの反響については、以下の述懐がある。

「これは大きかったですね。ただ、ほとんど試合にならないという声でした」（舟橋慶一・実況アナウンサー）（『週刊ゴング7月10日増刊　20年目の検証　猪木・アリ戦の真実』）

つまり、東洋放送が先駆けたからこその後手の対応とも言えた。

とはいえ、周囲は過熱して行く。

既に海外でヒットしていたアリ賛歌である『モハメッド・アリ　おれはスーパーマン』（ジョニー・ウェイクリン&キンシャサ・バンド）の日本盤がテイチクより発売され、スマッシュヒットしていたし、文字通りの『ムハマド・アリ賛歌』（オリビア・モリーナ）というタイトルの曲まで発売されている。

「私も、『愛しのアントン（注・猪木の愛称）』とか、レコーディングしとくんだったわ（笑）」

という倍賞美津子の当時の談話もあるほどだ。当日の試合の実況をそのまま収録したレコードの発売まで予定され、徳間音工、キングレコードらが名乗りを上げた。録音権は数千万円と言われた。

音楽業界ですらこれである。格闘技界が、黙っていられるわけもなかった。

「オレの頭突きの破壊力はアリのパンチ以上だ。この頭突きを猪木さんは何十発、顔面といわずどこといわず食っても倒れなかった。彼は打たれ強いんだ」（大木金太郎）

「私が相手をしたプロボクサーは、ヘンリー・アーサーという、ヘビー級のUSチャンピオンだった。（中略）私のナックルと彼のナックルが激突した。それで彼の手の骨は粉々に砕け、使い物にならなくなった。だから、ボクサーはグローブをとって素手でやったら逆にダメなんです。そこに猪木君の狙い目がありますね」（大山倍達）

いずれも『週刊サンケイ』１９７５年７月３日号からだが、どうやって戦うかも決まらぬ決戦の約１年前に既にこの発言である。75年６月、アリがマレーシアでの試合に向かう途中、日本に立ち寄った際に猪木の代理人が書状を手渡し、そこから「猪木VS.アリ」が動き出したのを受けた記事である。

元々知られていたアリの「ビッグマウス」も試合が近づくに連れ、量産されていく。日本での宿泊先は新宿京王プラザホテルの「インペリアルスイートルーム」だ。46年前の当時は１泊12万円で、現在は30万円以上を要すようだ（４１２１号室）。来日時を含め、リップサービスもふんだんだった。

「俺は日本の〝空手レスラー〟と戦うことになっているが、俺のパンチは、その空手の極意と一緒なんだ」（東京スポーツ１９７６年６月２日付）

「猪木には奥さんと子供がいると聞いた。気の毒だと思う。この試合によって猪木は一生治らない大ケガをする」（日刊スポーツ１９７６年６月20日付）

猪木も負けてはいない。来日したアリと２人で決戦８日前、外国特派員協会にて会見

をおこなうと、

「(口が良く回るので、アリを)ウチの広報に雇おうと思っているんですよ」

と挑発。さらに、「一言だけ言わせて欲しい」と強調して、

「アリは日本語でいえば蟻。1週間後には俺に踏みつぶされる運命にある」

と、得意のダジャレも披露した。さらに、

「アリにプレゼントがある」

として見せたのは松葉杖。〝試合後に必要となる〟という意味だった。だが、そんな猪木の表情が曇ったのは、会見後半、外国人の記者からこんな質問が飛んだ時だった。

「今回の試合は、八百長という噂もありますが?」

答えたのはアリだ。

「大変な侮辱だし、誤解も甚だしい。俺は世界のシンボルだぜ。八百長なんてやったら信用にかかわる」

その後、こう続けた。

「黒人初の大統領になろうと思ってるしね」

「猪木が反則をしたら、(アリ側のトレーナーに入っていたプロレスラーで〝吸血鬼〟の異名

を持つフレッド・）ブラッシーに教わった噛み付き攻撃を見せてやる!!」

猪木は何も、言わなかった。

躁と鬱を繰り返す猪木

新日本プロレス道場に、犬が入って来た。道場で飼っている犬である。藤原喜明が声をかけた。

「コラ、入って来ちゃダメだ」

瞬間、もの凄い怒号が飛んだ。

「何ぃ⁉　この野郎!!」

直後、バツの悪そうな顔をしたのは、叫んだ猪木だった。自分ではなく、犬に向けた言葉だとわかったからだ。藤原は振り返る。

「あんな精神状態になっている猪木さんを見たのは、初めてだった」

アリ戦に向け、２人で毎晩９時頃より、道場で極秘練習をしていた。藤原が認めるには「躁と鬱を繰り返しているような」状態だったという。機嫌よく道場に入って来たかと思えば、一言も話さずに帰ってしまうこともあった。

見かねた藤原が、ある夜の練習後、言った。

「社長（猪木）、どうです？　一杯」

道場の冷蔵庫からビールを出した。

「……そうだな。一杯だけ」

グィッと一気に飲み干すと、猪木は言ったという。

「勝てるよな？　俺……」

試合から45年。筆者が２０２１年に取材した時も藤原が語ったのはこの光景だった。

木村政彦の予言

当日の試合に向け、猪木が手かせ足かせのルールでがんじがらめにされていったのは知られるところだろう。

最初のルールが決定したのは試合のちょうど1ヵ月前（5月26日）だったが、決着法はプロレスの３カウント（フォール）、フルラウンドである15R終了時には、ジャッジの合計得点が多い方が勝者など、比較的緩い。

ところが、決戦３日前に明文化された、いわゆる「最終ルール」が示したのは、猪木への束縛そのものだった。

禁止事項として頭突き、肘、膝による攻撃、空手チョップ、立っての蹴りなどなど……。

消去法で行けば、猪木は寝て蹴るしかなかったことも、いまではよく知られることだ。無論、ルールの変更はアリ側の要求によるもので、背景にはこの年の6月10日、既にアリがプロレスラーと戦っていたことにあった。

会場はシカゴのインターナショナル・アンフィシアター。

アリはケニー・ジェイ、バディ・ウォルフと戦い、前者とは2RでKO勝ち、後者とは2Rでレフェリーストップ勝ち。1日に2試合もしていることからわかろうものだが、こちらは余興の域を出ないものだった。

ウォルフ戦では、シュミット流バックブリーカーを2度食らい、ジェイ戦ではスープレックスで投げる場面もあった。この2試合はアリの戦歴から完全に抹殺されているが、これによりアリ側は、「プロレスとは、こういうもの」と思ってしまったとしても、不思議はない。

事実、決戦10日前に来日したアリとその側近は、通訳のケン田島から猪木戦を「真剣勝負」と聞かされ、仰天してしまい、直後から猪木をルールで縛り始めた。

資料性の高さで知られた『週刊ゴング』誌は後続誌の『Gスピリッツ』を含め2度、猪木VS.アリの特集号を出しているが、やはり、このルールの不公平さに多くのページが割かれている。しかし、巨視的に見れば結局のところ、それはプロレスとボクシングの違いを浮き彫りにしたようにも思えた。

違うジャンルの者同士が戦うのは、やはり無理なのか。ならば何故、戦うのか？

決戦2ヵ月前の4月30日、福岡県小倉市（現・北九州市）三萩野体育館大会での試合後、猪木はこうコメントした。

「なぜアリと戦うかと言えば、それは、登山家と同じような気持ちでしょうね。アリは、傲然とそびえている山のようなもんですよ」

猪木は1964年から始まるアメリカ武者修行の途中、ボクサー転向を勧められたことがあったという。ロサンゼルスの有名なボクシングのプロモーター、ジョージ・バサラスが、日本人でボクサーを探していたのだ。ギャラも提示されたという猪木。だが、結局、断った。友人の元プロボクサー（KO・イエーテ）に、厳しい業界の内情を聞き、気が乗らなくなったのだった。

64年、ヘビー級王者になったのがアリだった。

「もしボクサーになっていたら、当然、アリを目指していたことになったでしょうね」

そして、こう結論づけた。

「格闘家としては、やりたいと思うのが、当然でしょう」

もう1つ、この試合を予想したものを紹介しておきたい。前出の『週刊サンケイ』からである。

「私の体験では、最も真剣勝負に強いのはプロボクサーですよ。しかも、相手は世界チャンピオンのアリですからね。ボクサーで、しかもヘビー・ウエートのパンチはそりゃ強いよ……。まあ、結果は言うも愚かなことでしょう」

〝昭和巌流島の決戦〟で力道山に敗れた、最強柔道家、木村政彦の言葉である。

アリ・キック炸裂!!

試合は、衛星中継の関係上、午前11時50分にゴングが鳴った。

もはや1つの格闘技用語になっている寝そべり、下からキックを見舞う猪木と、スタンディングでそれに対応するアリという、「猪木―アリ状態」が試合の大半を支配しながら15ラウンドまで戦い抜き、３人のジャッジが判定を下す。

レフェリーのジーン・ラーベルがドロー、日本ボクシング協会公認レフェリーの遠山甲が猪木の勝利、元プロレスラーの遠藤幸吉がアリの勝利と判定。

つまりは1—1のドローとなった。

因みにそれぞれの採点は猪木、アリの順に『71—71』『72—68』『72—74』（各ラウンド5ポイント制で判定）。試合として大幅な動きがあったのは、猪木のローキック、いわゆる〝アリ・キック〟を浴び続けたアリが遂に横転する６及び７Ｒか。アリが猪木を捉えたパンチは2発（10Rと13Ｒ）。頭部をかすめただけのようにも見えたが、猪木の額には大きなコブが隆起していた。

「受けたのが頭以外だったら、間違いなくやられていた」

猪木は後に語っている。しかしそれは後の談話によってわかったことで、大半の報道がこの試合を酷評したのは冒頭で触れた通り。

「世界中に笑われたドロー」（日刊スポーツ）

「不快指数１００でドロー」（デイリースポーツ）

「真昼の欠闘」（京都新聞＝日付は全て１９７６年６月27日）

アントニオ猪木のみならず、プロレスそのものが嘲笑の対象になろうかとしていた。前述の通り、新日本プロレスは巨額の負債を抱える。

しかし、猪木は諦めない。「プロレスこそ最強の格闘技」を証明すべく、この後も異種格闘技路線を続けていくのである。会社経営や契約内容など、詳細な舞台裏をファンが知るのはずっと後になってから。当時は、闘い続ける猪木の姿だけが目に焼き付いている。

本当は猪木の判定勝ちだった

平成に入って、猪木VS.アリ戦を企画するムックや書籍の取材に、筆者も随分と携わった。「ジャッジングペーパーは改ざんされていた！」という裏話もないではなく、筆者も実際、ある出版社経由で、そちら関係の取材を２０１６年にしたことがある。しかし、どうも、薄めた牛乳を飲まされるような感覚だった。

改ざんなら改ざんで、では、改ざん前の点数がわからねば意味がない。しかし、ジャッジのうち既に鬼籍に入っている人物もおり、確認のしようがなかったのだ。その仕事の過程で、まんじりともせず、変更後の最終ルールを見ていたその時だ。少し吹き出しそうになった。あれだけタイトとなったルールなのに、3カウントによるフォールの条項は生きていたのである。そして、もう1つ。

「15R終了時には、ジャッジの合計得点が多い方が勝者」

前掲のジャッジの合計得点を出してみた。猪木が、2ポイント差で勝っていた。急いで知遇を得ていた元『週刊ゴング』のスタッフに連絡を取った。既に2つの『猪木VS.アリ』ムックを作っていたスタッフは言った。

「本当だ！……ど、どうして気が付かなかったのか……」

この真実は、当時発売された書籍でも触れたが、一方で、猪木が何度もこう振り返っているのも事実である。

「（あの試合は）引き分けで良かったんだよ」

UFCに嚙みついたアリ

アリは猪木と戦った2年後に王座から陥落する。

だが年内に取り戻し、その後も闘い続け、1981年に引退した。3年後の1984年に、パーキンソン病と診断される。

１９９３年、自身の歴史を辿る写真集が発売された。中に、「TOKYO 1976」とクレジットされた1ページがあり、２枚の写真があった。

上に、猪木のキックを受けるアリの姿。下には大きく、ベッドに横たわるアリの寝姿。憂鬱な表情。そしてその左足は、包帯で幾重にも巻かれていた。場所は関係者が見ればすぐにわかる、京王プラザホテルの「インペリアルスイートルーム」。

試合の直後に撮られたとみられる。そして、アリは決戦から5日後に左足の血栓症で入院し、次の防衛戦も延期された。忌まわしき思い出が蘇る１ページ。だが、同写真集には、こうあった。

「Supervisor：Muhammad Ali」（監修者：モハメッド・アリ）

この写真集発売から2年後、再び、猪木とアリは、会見で同席することになる。

１９９５年4月25日のホテルオークラ（日本）。「平和のための平壌国際体育・文化祝典」記者会見。この３日後におこなわれる、猪木が北朝鮮から平和をアピールする大会に、アリも駆け付けたのだ。アリは言った。

「猪木のプロレスのように、私もボクシングを通じて平和に貢献出来れば」

おや？　と、19年前、猪木VS.アリの通訳も務めたケン田島は思ったという。パーキンソン病の影響で、アリは会見前、まるで喋ることが出来なかった。奥さんの付き添いがなければ、バスの乗り降りも出来ない状態だった。ところが会見では、溌剌とした様子で現れ、はっきりと言葉を口にしたからである。隣には、猪木がいた。迎えた北朝鮮遠征で、猪木とともに檀君陵という史跡に出向いた際には何百段という階段を、1人で登り切ってみせたという。

病状は以降、時を経るごとに悪化した。だが、逝去する2年前の2014年4月4日、アリが、ツイッターを更新したことがあった。

「What you think @DanaWhite? Muhammad Ali - the original #MMA fighter? @ufc」

〈（UFC代表の）ダナ・ホワイトよ、わかってるのか？　モハメッド・アリこそ、総合格闘家の元祖なんだぜ〉

ツイートには、猪木戦の画像が添付されていた。アリだけをフォローしている猪木が、「いいね」を付けていた。フォローには、「後を追う」以上に、「補い助けること」「支援すること」の意味があるのは、ご存じの通りである。

アリは2016年6月3日、永眠。猪木VS.アリのおこなわれた6月26日が、「世界格闘技の日」と制定されてから、18日後の訃報だった。ニューヨーク・タイムズを始めとするアメリカの有名紙がこぞって猪木VS.アリの特集を組んだ。

「The Japanese pro wrestler who almost got Muhammad Ali's leg amputated」

〈アリの足を切断しかけた日本人レスラー〉（ロサンゼルス・タイムズ2016年6月9日付見出し）

「リング上でアリのパンチを食らった日本人は、結局のところ、この俺だけでしょ？」

猪木は興に乗ると、こんな風に回顧する。それもどこか、得意げに。

猪木の凄みを見せつけたパキスタンでの死闘

引き分けに終わった猪木VS.アリ戦で、猪木の勝機とされた瞬間がある。6Rの1分経過後のことだ。

猪木の蹴り足を取ろうと接近したアリが、逆に自分の左足首を猪木に取られ、横転。上になった猪木がすかさずアリの顔面に右肘を入れた。肘による攻撃は同試合では反則行為になっており、すぐにブレイクがかかったが、猪木はこの瞬間を、よくこう振り返る。

「もう少し強めに入れていたら、試合は終わってた。自分の優しさが出てしまったな（笑）」

反則負けにはなっただろうが、確かにそうすれば、〝アリをのした男〟としての名を、永久に残せていた可能性も否定できないだろう。

そして、このアリ戦から半年後、猪木は一線を超えた。それも、同じ異種格闘技戦で。1976年12月12日、パキスタンでおこなわれた、アクラム・ペールワンとの一戦で、猪木は相手の左腕をチキンウィングアームロックで骨折させた。後年、次のように語っている。

「あんなに気持ちよく折れるとは思わなかった」（『アントニオ猪木 Gスピリッツ SPECIAL EDITION vol.1』）

待ち受けた3000人のギャラリー

試合は、現地の人気スポーツ、クリケット協会の肝煎りで実現した。アリ戦を経て、知名度が一気に上がった猪木が、招聘を受けたのである。

ファイトマネーは、2試合で当時の額で約3000万円。先方が用意した渡航の際の飛行機はファーストクラスだった。

試合前日の12月11日午前3時ごろ、現地の空港に着くと、なんと3000人ものギャラリーが猪木を出迎えた。アリ戦で得た威光は本物だったのだ。

街中を歩けば、数十人がぞろぞろとその後を追う。試合はそもそもはクリケット場である、ナショナル・スタジアムで開催された。7万人とも言われる観客が押し寄せ、その競技場の遥か彼方には、黒い波のようなうねりが見えた。

「ありゃ、なんだ？」

と同行した新日本プロレスの新間寿が現地の関係者に聞くと、人々の頭だという。丘に登って、試合をタダ観しているのだった。

「……しかし、あんな遠くで、観えるのかね？」

「我が国民の視力は皆、3・0以上。5・0の人もいます」

確かに新間が街中を歩いても、メガネをかけた人間を、ついぞ、見かけなかった。

猪木が、その国の英雄の右目を指でついたのは試合が始まって2R目のことだった。

「よしっ！　張れ！」

試合は5分6Rの3本勝負でおこなわれた。相手のアクラム・ペールワンは、当時、47歳。〝ペールワン〟とは、〝最強の男〟の意味の称号とされるが、本当は「レスリングをする人」の意味である。

もっとも、レスリングや現地相撲の類が盛んなパキスタン内では、広義に戦士の意味、名誉な爵位と言い換えてもいいだろう。

現にその沽券にかかわる一騒動が起きたのである。

試合開始直前、ペールワン側が猪木に対し、ノールールでの真剣勝負を要求してきたのだ。新間と共に同行したレフェリーのミスター高橋の折衝により、目潰しと金的は回避されたが、一族もそれ以外は決して譲らず。この決定に、当の猪木も難色を示したとされるが、そのまま覆ることはなかった。入場の段になり、猪木は、セコンドとして随伴していた藤原喜明に命じた。

「よしっ！　張れ！」

子飼いの藤原に、自分を殴らせるという活入れは、不退転の覚悟の証だった。

相手は真剣勝負を挑んでくる。国の名誉を背負っているだけに絶対に負けられない。

いや、それは猪木も同じだ。だが、ここはパキスタン。関係者も含め、観客は現地の人間のみ。下手をすると命を狙われるかもしれないこの逆境の中では、猪木は完勝するしかなかった。

「〝ガコッ〟と音がした」

試合開始早々、腕ひしぎ逆十字固めを傍目には完璧に決める。ところが、アクラムがギブアップしない。簡単に関節が決まらない、言い換えれば関節が緩い。ルーズ・ジョイントという特異体質だったのだ。この時点で猪木は、アクラムはギブアップどころか、絶対に負けを認めない相手であると悟ったという。

ところが、セコンドの藤原は、新間に言った。

「大丈夫です。勝てますよ。絶対です」

猪木もそうだが、藤原も開始早々、相手の力量を見切っていた。1R終了時、猪木を出迎える藤原は、一瞬、笑顔を見せている。だが、2R目に、アクシデントが起こった。

バックマウントを取った猪木が、アクラムの鼻の下を中心に狙う。人間の急所、いわゆる人中と言われる部分で、ここを手首でこすり始めた。スタミナと戦意を喪失させるつもりだ。

ところが、ほうほうの体のアクラムが苦し紛れに、猪木の左手首を噛んだのだ。悲鳴を上げる猪木。だが、右手の指でアクラムの右目を突いた。2Rがここで終了し、アクラム側はリングに雪崩込み、猪木の目潰しに抗議する。猪木は猪木で、左手首を大きく掲げ、

"He is a biter !"（奴は噛み付き魔だ！）

とアピールした。騒然とする場内。

続く3R。勝負は早かった。チキンウィングアームロックに入った猪木が強引にアクラムの腕を捻じ曲げる。

「〝ガコッ〟と音がした」（猪木）

レフェリーがその様子を見て、ストップをかける。リングに上がり歓喜するセコンドの藤原、永源遙、小沢正志（キラー・カーン）の中央で、「（腕を）折ったぞ！」と叫ぶ猪木。

アクラムの一族もリング内に殺到するが、こちらはまたしても抗議。アクラムはギブアップしていないのになぜ試合を止めたのか、と言うのだ。そもそも3本勝負だから、

まだ猪木が先勝しただけだったが、彼らの凄まじい剣幕は一門のプライドと形勢の切迫さを物語っていた。

互いの食い違いが伝わったのか、場内も騒乱状態となる。国家レベルで行なわれた試合だけに、銃を持った兵士がリングサイドを取り囲んでいた。銃口は騒ぐ観客に向けられていたが、国の名門を一敗地にまみれさせたのだ。いつ、それがリング上に向けられるかわからない。そう思った藤原は弾除け宜しく、猪木に寄り添った。

その時だ。

猪木が両手を大きく掲げた。すると、「騒いでいた観客が、静まりかえった」と、藤原は今でも振り返る。意図しなかったこちらのポーズが、アラーの神への祈りの所作と酷似していたためというのが定説だし、猪木自身もそう語る。

反面、「いくらなんでも、それは話を作り過ぎ」「大袈裟な見解」という関係者談もあるのは事実だ。

むしろ、翌日以降に目を向けたい。現地の新聞は、猪木を最強の格闘家として扱い、近隣のクウェートやドバイにも報道され、猪木への祝電の類は５０００通以上。宛名は「アントニオ猪木　カラチ　パキスタン」で届いたという。

パキスタンのレスリング連盟は、猪木に「イノキ・ペールワン」とこれからは名乗るよう懇願。猪木もこの署名に応じた。神を思わせる立ち居振る舞い云々以上に、猪木への強者の評価は揺るぎなかったのだ。決着直後、猪木は勝者として、現地のテレビカメラに向け、大意としてこんなことを答えている。

「アクラムは素晴らしい格闘家だが、負けは負けとして、認めてくれないと。異議があるというなら、一族、誰でも相手になります。かかって来いと」

前後するが、3本勝負はアクラムの戦闘不能により、猪木のレフェリーストップ勝ちに。翌日は、アクラムより2歳年上の兄、アスラムとの一戦が予定されていたが、こちらは中止になった。猪木自身の意向もあったが、試合の、希にみる残酷な結果を見れば、適切な判断だったことは否めない。

にもかかわらず、ペールワン一族が、先の猪木の挑発を真に受けた。

「猪木は、さすがだよ」

3年後の1979年6月16日、猪木とペールワン一族の再戦がおこなわれた。

場所はパキスタンのガダフィ・スタジアム。前述のように、猪木は3年前、本来おこなう予定だった2試合目を戦っていないし、いまや猪木は現地の格闘技ヒーローだ。一族はリベンジを果したい。「クリーンに試合をおこなう」という先方の言質を引き出せば、招聘を拒む理由はなかった。アクラム戦同様、現地でのテレビ中継も決まっていた。それも、パキスタンだけでなく、インドなど、隣国にまでまたがっていた。

ルールは10分5Rで、決着がつかない場合は3Rの延長。相手はアクラムの兄アスラムの息子、ジュベール・ペールワン。当時、19歳で、身長約190センチ、かつ150キロ近い巨漢であった。

復讐に燃えているだけに、猪木をよく研究していた。タックルに入らせないし、何より、腕を簡単に取らせない。頭突きを見舞ったかと思えば、パワーもあり、猪木を場外に跳ね飛ばすシーンもあった。だが、肝心の決める技術を持っておらず、両者ともに攻め手を欠き、5Rが終了。本来なら、3Rの延長の筈だ。ところが、猪木が意外な行動に出た。ジュベールに近づき、その手を挙げたのだ。

勝利したと思ったジュベールも一族も、飛び上がって大喜び。猪木自身も、うなずきながら、リングを降りた。とはいえ、決着はついていないわけだから、公式の記録は5Rで引き分け。しかし、猪木の行為により、ジュベールは猪木とは互角以上との心証も残った。それは、アクラム戦のまがまがしい空気とは、対極に位置するものだった。猪木と同地で試合をするため、現地入りしていたタイガー・ジェット・シンは、この光景を見て、こう振り返ったとされる。

「やっぱり、猪木は、さすがだよ」

正々堂々と戦った猪木とジュベール。更に、相手を先ず讃える猪木というイメージが残存した。それは、日本の猪木ファンが思う以上に、現地では強く、大きなものだったようだ。

17歳の少女

ジュベールとの一戦から35年以上経った2015年1月17日。

猪木はイギリスで、米『タイム』誌にのった話題の人物と面談した。ところが、15分の予定だった面会時間は、気づけば1時間半にまで及んだ。

会談を終えた猪木は、その理由を、こう語った。

「彼女の父親が、俺の試合をテレビかビデオかで観て、ファンだったらしくてね。『父から何度か、話は聞いてました』とね……（笑）」

相手は前年、弱冠17歳でノーベル平和賞を受賞した、マララ・ユサフザイさん。パキスタンを生地とし、女性の教育、そして「全ての人々に愛を」と訴え、現在も活動している。

“かの地”での大勝負

その使者は、夜の11時過ぎに猪木のいるホテルにやって来た。そして言う。

「今から、ノロを撃ちに行きましょう」

ノロとは、鹿の一種である。そして、こう続けた。

「猪木さん1人で来て下さい。我々と一緒に来て下さい」

同行していた新日本プロレスフロント、永島勝司が語ってくれたエピソードだ。もちろん永島は猛反対した。時間が遅すぎることもあるし、条件も言い方も、どこか不穏だ。だが、何よりの問題は、根本的にその場所にあった。北朝鮮だったのだ。1995年3月、猪木は深夜に首都・平壌のホテルから1人、連れ出された。猪木とその一行はこの時、翌月に同地で初めておこなうプロレス興行の最終調整のため、渡朝していたのである。

ハンティングだから当然とは言え、車で連れ出されたのは人里離れた原野だった。半月山というその場所で、猪木と北朝鮮の要人数人は、ノロ狩りを始めた。だが猪木は、少し離れた場所に、光が漏れる建物があるのに最初から気付いていた。窓から、人が覗いているのも、はっきりとわかった。ノロ撃ちに興じるフリをして、聞いた。

「……あれ、金正日さんですか？」

当時の北朝鮮の最高権力者だ。聞かれた関係者は、何も言わなかったが、それとなく片目をつぶってみせた。猪木は無事にホテルに戻ると、永島にこう述懐したという。

「日本から来たアントニオ猪木というのは、どんな男か、その目で確認したかったのだろう」

裏を返せば、その時まで金正日と猪木は出会っていなかった。猪木は前年9月5日に、既に初の訪朝を果たしていたのに、である。

師の故郷に立つ

きっかけは宿縁だったのかも知れない。

猪木は若手時代、力道山の付け人だった。「闘魂」という自らのキャッチフレーズは、そもそも力道山が、自分の色紙に書いていた言葉だった。猪木はそれを拝借して今に至るわけだが、どちらかというと、表立ったプラス面はこのくらい。猪木がこの時代を思い出して語るのは、力道山に手を上げられた体験談の方が圧倒的に多いことは、ファンならご存じの通りだろう。

話は１９６１年11月に遡る。

新潟県での３連戦を終えた力道山がまる１日、突然、いなくなったことがあった。プロレスの興行上もオフの期間だったので、猪木は特に心配することもなく「支援者とゴルフにでも行ったのだろう」と思っていた。

それから33年後の１９９４年６月、北朝鮮が国際原子力機関（ＩＡＥＡ）から脱退、核の脅威が現実化して来た。当時、国会議員だった猪木も、北朝鮮のことを調べ始め、ふと、思い起こした。（力道山先生は……北朝鮮出身だという噂があったな……）そこで『力道山物語』なる書籍を発見したのである。

中に、こんな内容があった。

「新潟港に寄港した、わが国への帰還船に乗船。母国に残して来た愛娘と、短いながら対面を果たした」

あの日、そう、力道山が不在だった1日が、甦って来た。

その愛娘は、北朝鮮で今も元気に暮らしているという。更に調べると、1963年1月に、時の自民党副総裁の大野伴睦らと渡韓した際の逸話が出て来た。韓国と北朝鮮の軍事境界線のある板門店への訪問を熱望し、いざ行ってみると、力道山は突然、上半身裸になり、北朝鮮側に咆哮。それこそ、言葉にならない叫びだったとされる。1964年開催の東京オリンピックに北朝鮮勢が参加出来るよう、尽力していたともあった。今では、あまたの力道山関係の書物に書かれているこれらの事実は、猪木を動かすに十分だった。

1994年7月、力道山の愛娘に会いたい、と日本の関係者を通じてアクセスするとあっさりと了承を得る。ただ、同月の8日に当時の最高指導者の金日成が死去。改めて2ヵ月後の9月に訪朝すると、力道山の人となりについてはもとより、愛娘や要人に聞かれた。

「ところで、プロレスというものは、どういうものなのですか?」

猪木は即答した。

「じゃあ、1回、やってみせましょうか?」

それからはトントン拍子で話が進行する。1995年4月28～30日、プロレス披露2大会を主体とした、「平和のための平壌国際体育・文化祝典」（平和の祭典）の開催が決定した（北朝鮮と新日本プロレスの共催）。それは、大きなアピールの場でもあった。北朝鮮にとって、である。

「もっと美味いビール、ねえのかよ……」

「如何ですか？　こちらのホテルの威容は」

高麗ホテルで、「平和の祭典」プロデューサーの金寿祖が意気揚々と語る。同施設は45階建て、高さ143メートルのツインタワーを誇る、北朝鮮の〝特級〟ホテルだ。開催に3ヵ月先立つ1月27日より、北朝鮮は116名の視察団を受け入れた。もちろん、西側の報道陣も含んでいた。その夜から、早速ホテルの会議室で、北朝鮮側の祭典への勧誘が始まった。

「他にも、平壌市内には6000人が収容可能ですし、来賓を迎えるゲストハウスも開放させて頂きます。それでも足りない場合は、高層アパートを中心とした、市民の家への宿泊も考えています。我が国の生活レベルの高さがわかって頂けることでしょう！」

当時、北朝鮮への旅行費用は、1人25万円近くかかっていた。うち、経費は10万円ほど。つまり、もし海外の客が1万人集まれば、それだけでもざっと15億円が国のふところに入るのだった。売り文句が高揚するのも無理はない。祭典自体の演出に話が及ぶと、それはますます高まった。

「実は、猪木先生とお相手の試合の際は、お互い、美しく飾られた馬車に乗っての入場を考えております！」

もちろん〝先生・猪木〟も、この特級ホテルを同地ではあてがわれた。調度は文句ないが、どうにもビールは不味い。

「もっと美味いビール、ねえのかよ……」

と同行した永島勝司と話すと、翌日、北側の関係者に言われた。

「すみませんね。ビールが不味くて」

盗聴されていたのだ。同ホテルの客室には大きな鏡があるのだが、これを使った盗撮疑惑もあった。2ヵ月後のノロ狩猟での深夜の連れ出しも含め、イニシアティブは完全に北朝鮮に握られていた。

日本の記者たちからみれば、市井にも、それが現れていた。街中では1月の時点で、多数の記念グッズが発売されていた。力道山、もしくは猪木、もしくはその2ショットのTシャツ、絵葉書、切手、メダル、壁掛けに文鎮……。開催が近づくにつれ、参加する橋本真也や北斗晶の絵葉書も売られていたが、これらのパテント（使用料）がどうなっていたかは、さっぱり不明のままだった。

そして迎えた祭典初日（4月28日）。会場となったメーデースタジアムには、なんと19万人の観客が集結。大変な盛り上がりと思いきや、一部の観客はいわゆる、国による動員だった。しかし、それでいてこの日のメインは橋本真也VS.スコット・ノートン、他にも馳浩VS.ワイルド・ペガサスや、佐々木健介VS.マサ斎藤の好カード揃いだったから、何とも贅沢である。

ところが、初日の大会が終了すると、北朝鮮側のガイドが、訪れていたプロレス・マスコミに言った。

「プロレスというのは競技なのか演舞なのか、どちらなんですか？」

「……どうしてそんな風に思ったんですか？」

「あの、フォールというんですか？　1、2、3の後、まだまだ選手に余力があるように思えたんですが……」

実際、19万人も集まったにもかかわらず、歓声は思ったほどではなかったと、前出の永島は筆者に語っている。なおさら、豪華な入場演出が用意されているという翌日に期待がかかる。先のグッズ展開でもわかるように、猪木は力道山と結びつけられており、北朝鮮出自の英雄、力道山の直弟子が試合をするという流れである。国策で、「テレビのある家庭は、全てそれを点けておくように」とのお達しも出ていた。つまり、視聴率は100%だ。

猪木の対戦相手は二転三転したが、アメリカ武者修行時代以来の対戦となるリック・フレアーに決定。今やNWA、WCW、WWEの世界ヘビー級王座を、合わせて16度獲得した名レスラーで、ゴージャスな宝石をちりばめたそのガウン姿を思い起こす読者も多いだろう。2日に亘る大イベントのメインを飾るにふさわしい、スーパースター同士の対戦である。ところが、北朝鮮側の見通しは、はずれた。

猪木もフレアーも、予定された馬車に乗らず、単身、入場して来たのだった。

「日本のプロレスは凄いなあ」

午後8時49分、ゴング。猪木がコーナーから飛び出し、リング中央で客席に向かって大きく手を振り拍手する。観客を煽る猪木一流のパフォーマンスである。一瞬遅れて、波のような歓声が起こった。

スタジアム全体が、目を覚ましたかのようだった。互いにロックアップし、フレアーがヘッドロックから投げを打ち、それを猪木がヘッドシザースで返すと、また大歓声。これ以上ないシンプルな攻防なのだが。ロープワークからのタックルでフレアーを倒した猪木は、両手を大きく広げ、ストンピング。これにも大観衆は、その1発ごとに大きく反応する。

反撃するフレアーのチョップも、バックスイングがいつもより大きめだ。場外戦でやられ、リングに戻ろうとする猪木だが、エプロンに手をかけたところで、一瞬、ひざまずいてしまう。瞬間、場内を支配する、不安げなどよめき。19万人もいると、これすら地鳴りのようだった。

滞空時間の長いブレーンバスターからフレアーが押さえ込むがカウント2。歓呼で応える客。フレアーはさらに猪木の左足を取って小さく丸める。カウント2。次に右足から丸めるが、やはりカウント2。さらに全力で猪木を丸めるが、カウント2。

その度に場内の歓声が大きくなっていったのが印象的だった。フレアーの4の字固めに耐える猪木の苦悶の表情を大型ビジョンが捉えると、沸き起こる喚声。どこまでも相手の技を受ける猪木とフレアーの一挙手一投足が、プロレスを初めて観るものの反応を、自在に操っていた。

白眉は終盤だ。“Oh, No！”と両手を突き出して嫌がるフレアーに、猪木がナックルパートの連打。充分なテイクバックを取っての、まさに弓を引くストレートに、場内は蜂の巣をつついたような大騒ぎだ。このシーンについて、力道山の空手チョップに日本国民が歓喜した姿とダブらせる記事が一律で並んだ。それは、決して決まり文句などではなく、プロレスを通じた英雄の誕生を、そこに観たからではなかったか。

最後は延髄斬りでフレアーを仕留めた猪木。まさに19万人からの喝采がその体を包んでいた。スピーカーから流れるメロディも、その場を彩った。『君が代』であった。ある北朝鮮政府高官は翌日、猪木に言ったという。

「一日にして、わが国の反日感情は、なくなったと言って良いでしょう」

金正日書記（当時）は、この時、会場には現れなかったという報道もある。だが当日、自身の料理人である日本人の藤本健二に「留守番するように」と外出。観客からは死角になっている特別席で観戦していたという。そして、帰って来ると、藤本にこう言った。

「日本のプロレスは凄いなあ。あれは素人には決して真似の出来ない闘いだ。実に素晴らしかった」

その日の深夜、高麗ホテルのカラオケスナックでの打ち上げで、猪木はマイクを取った。自らが選曲していないのにである。つまり、アカペラで歌い始めた。興が乗っていた。

「♪荒海越えて、いくぞ敵陣、殴り込み……」

それは、軍歌である、『若鷲の歌』だった。猪木は極めて上機嫌の時にしか、この曲は歌わない。


「闘魂」


以降、2021年末時点までで、33回の渡朝歴を誇る猪木。現地での知名度は、わが国のどんな人物とも比較にならず、国賓として迎えられるのはもちろん、移動はパトカーが先導する。2014年に現地で2度目のプロレス大会を開催すると、選手21名、ツアー客約60名の参加に対し、報道関係者は150人以上も集まった。

NHKもCNNも、各民放テレビ局も全国紙も入っていた。2017年9月、北朝鮮からのミサイル発射騒ぎの直後にテレビで同国の内情を解説していたのは、猪木とともに訪朝した某大学の教授であった。猪木を媒介にしなければ、かの国の実情はとても知ることが出来ないというのも、また動かしがたい事実なのだ。訪朝を重ねる理由を問われ、猪木は答えた。

「力道山への恩返しとして自分は北朝鮮と日本との懸け橋になりたいだけです」(『週刊朝日』2010年11月12日号)

先のリック・フレアー戦。師匠・力道山の故郷で勝利を飾った猪木は、この日着たガウンを、そのままリング上に置いて来た。これ見よがしに、文字の大書されている背中部分を表に向けて。

白地に黒字で、「闘魂」と書かれていた。

第2章

VS.好敵手

存在を際立たせるライバル

「プロレスは、セックスと同じだよ」

アントニオ猪木の至言である。曰く、

「波長が合う相手とは、お互い、感じ合って、双方を高めていくことが出来る」

その意味で言えば、歴戦を経たライバルとこそ、名勝負は生まれていくということになる。スタン・ハンセン、アンドレ・ザ・ジャイアント、ドリー・ファンク・ジュニア、ボブ・バックランド……様々な選手の名前が挙がるだろう。

だが、新日本プロレスのリング上で、最もその高まり合いをやり遂げた相手と言えば、やはりこの男ではないか。猪木の終生の好敵手、〝狂虎〟タイガー・ジェット・シンである。

他方で、猪木のライバルと言えば、どう考えてもこの人物が先に立つ。ジャイアント馬場である。

何せほぼ同時入門に、同日デビュー。必然のライバルと言っていいだろう。しかし、2人は若手時代を除けば、新日本プロレス、全日本プロレスと袂を分かったこともあり、対戦しなかった。つまり、猪木の前言になぞらえれば、もし通じ合う波長の類いがあるにしても、シンと違い、極めて距離のあるそれだった。

だからこそ思う。2人の間に他人が入り過ぎていたのではないかと。他のレスラー、関係者。「比較」、「軋轢」、ひいては「不仲」という切り口で両者を報道するマスコミ、そして、それらを目にするファン……。

然るに、当人同士はどうだったのか。リング上で接触しなかったからこその猪木、馬場、2人の闘いと真意を解明する。

最後はマサ斎藤だ。宮本武蔵と佐々木小次郎が闘ったことで知られる巌流島にリングを組み、無観客で2時間超えのロングバトルを展開した。

猪木の好敵手と言えば、他の人選もあっただろう。さらに言えば、猪木がこの巌流島対決に、他の選手を選ぶことも出来たはずだ。よって、本章では「なぜ猪木は、巌流島決戦の相手に、マサ斎藤を選んだのか」に、最終的に照射する。

直前に、ある傷を負っていた猪木と、同じく手負いだったマサ斎藤だから出来た瀕死の激闘。プロレスという、セックスにも通じる特殊な愛の交歓が最もよく表れた対決として、紹介したい。

「実現にあたり、3億円出してもいい」

ラッシャー木村が猪木に、挑戦状を出したことがある。新日本、全日本に続く第3の団体（とはいえ、旗揚げは2団体より先だが）、国際プロレスのエースだった1975年6月のことである。

約1週間後の猪木の返答は、こうだった。

「思い上がりも甚だしいものです。貴殿は自分の実力と立場がおわかりになっていないようです」

結局、対戦の受諾条件として、書面で以下の内容が挙げられていた。

「ジャイアント馬場選手と戦い、馬場選手を破った上で改めて私に挑戦されることを望みます。（中略）昭和五十年六月十二日　新日本プロレス株式会社内　アントニオ猪木」

これに対する、馬場の反応は、以下である。

「えっ？　なんで俺が木村とやらなければいけないの？」

2016年に開かれたビートたけしの個展『アートたけし展』でのことだ。車輪の付いた桃色の猫や、女性のスカート内に口先を伸ばすアリクイなど、独創性溢れる絵が並ぶ中、ただ1枚だけ、著名人をモデルにしたとおぼしき作品があった。

テレビの外からブラウン管内にいるザ・デストロイヤーにキックを見舞うジャイアント馬場、同じくテレビの外で、それに手向かうアントニオ猪木。たけしがプロレス好きなこともあろうが、げに、両者はいちレスラーの域を超えるスーパースター。そして、この両巨頭の一騎討ちこそ、ファンに残された最大の「夢の対決」だった。

日本プロレス時代、猪木が本名の猪木寛至で戦っていた期間を含む若手の頃の対戦成績は、馬場の16戦全勝だった。

その12戦目の対決は、互いにデビュー4年目ながら、なんとテレビ生中継のセミファイナル（1963年8月16日）だった。この映像が残されているとも、テレビで観たという人も寡聞にして知らない。ただ、扱いからして、既に他の日本人若手レスラーの追随を許さぬ、卓抜した2人だったことは疑いないだろう。

互いに順調に名を揚げ1972年、新日本、全日本、それぞれの団体のエースになってからは、リングが違うからこそ、対決を望む声が続出した。

「実現にあたり、3億円出してもいい」

と言ったのは東京・練馬区に住むプロレスファン（1975年）。現在の貨幣価値にすれば、軽く10億円以上だが、5つの会社を経営、都内に計332万㎡の土地を持つ経営者だった。

他、当時の衆議院副議長の秋田大助が、

「プロならプロらしく堂々と雌雄を決すべきだよ」

と語れば、落語家の3代目三遊亭圓歌は、

「もうやるべきだよ。どっちが強いか、この目で早く見たい」

等々（いずれも『週刊現代』1975年1月23日号）。秋田議員は、こうも言った。

「敗けたら自分がダメになるなんて考えないで」

圓歌師匠は、こう言い足した。

「世論が盛り上がっているんだから」

秋田議員はこの年6月、猪木に旧知の税理士を紹介している。また、圓歌師匠は代表ネタの『中沢家の人々』で、猪木を登場させている。加えて言えば、前出のファンは、時の猪木の後援会会長であった。

なんのことはない。これらは皆、猪木ファンなのであった。もちろん、馬場サイドのファンが猪木戦を望んでいなかったとは言わない。しかし、その熱量に差があったのは事実だろう。先のたけしの絵を見て、思い出される記事があった。

「ここしばらくブラウン管から遠のいていた人気プロレスラーのジャイアント馬場とアントニオ猪木が十月からそろってテレビに復活する。馬場の登場するのは、日本テレビ系『プロレス中継』（中略）、猪木はフジテレビ系の『みんなあつまれ！キーパッパ』」

（読売新聞1972年10月1日付）

馬場は団体設立の1972年に、早くもテレビ中継を実現させていた。自ら立ち上げた全日本プロレスのプレ旗揚げ戦（10月21日）から生中継されるという好スタートである。しかもその前2週は、過去の映像を用い、「ジャイアント馬場特集」を組むという大盤振る舞いだった。

一方、猪木は幼児向け番組に、体操の先生として出演するということだった。既に新日本プロレスは、旗揚げから8ヵ月目に入っていた。まさか先ほどのたけしの絵が、この時期を暗喩したわけでもあるまいが、新日本プロレスにテレビ中継は、まだついていなかったのである。

プロレスラー・猪木の前史は、ジャイアント馬場の後塵を拝するそれであった。

始まった挑戦

2人は1960年4月、力道山率いる日本プロレスに入門。一介の新弟子である猪木に対し、プロ野球・巨人軍からの転向となる馬場には、最初から給料が出ていた。そして同年9月30日、同日デビュー。馬場は田中米太郎を相手に勝利し、猪木は大木金太郎に完敗した。

この結果を指して、力道山が2人のライバル意識を煽ったという見方が半ば定説化されているが、よくよくデータを精査すると、当の猪木もデビュー3戦目に田中米太郎には勝っている。

「ジャイアント馬場という人とは、5歳違うんですよ。ライバル的な捉え方をする人は多勢いますけど、新人時代はマンモス鈴木、大木金太郎もいましたし。その中で歳では俺が一番後ろを歩いていました。5歳の差というものは、それほどにライバル意識は生まれてこなかったんですよ」（『猪木神話の全真相』ベストセラーズ）

という猪木自身の述懐もある。

猪木が本格的に馬場を意識し始めたのは1966年3月、猪木自身がアメリカ修行から帰国する時だった。同じ日本プロレスの仲間である馬場たちと一旦ハワイで合流したのだが、自分だけが宿泊先を用意されていなかった。その後、関係者より、帰国後のギャラが週払いであると聞かされる。日本プロレスの社員であれば給料制の筈であり、週払いは外国人選手用の支払いフォーマットである。

不信は一気にピークとなり、日本プロレスを前年退団した豊登に口説かれる形で、新団体東京プロレスのエースに転身した。ここから馬場への挑発が本格化した。

大きいものだけで3回だ。

先ず東京プロレスの旗揚げ戦直前、

「向こうが受けてくれるなら、馬場さんの持つインターナショナル王座に挑戦したい。負けない自信がある」

と豪語。旗揚げ戦で勝利後もこれを繰り返した。こちらは東京プロレスを盛り上げたいためのアジテーションに見られたが、結局、同団体が崩壊した翌１９６７年には、日本プロレスに復帰。ところがここでも馬場戦を強硬に訴える。１９７１年5月19日の『第13回ワールドリーグ戦』決勝大会でのことだった。

前日までで馬場、猪木、ザ・デストロイヤー、アブドーラ・ザ・ブッチャーの４者が決勝進出を決め、当日は4人によるトーナメントがおこなわれるも、1回戦、猪木はデストロイヤーに場外で足4の字固めをかけられたまま、両者リングアウトで失格になった。自動的に同じく1回戦の馬場VS.ブッチャーが決勝戦の扱いとなった。するとすかさず、

「話がある。今から会見がしたい」

と猪木が主張し、控室に記者を集めた。

「馬場さんと雌雄を決したい。日本のチャンピオンを決めるべき」

なんとこれが、馬場とブッチャーの試合中だった。当然、マスコミはその取材で二分されることになり、馬場への当てつけと取れなくもない。日本プロレスは、「猪木はデストロイヤーに勝てば馬場戦のチャンスもあったのに」と、その未熟さを理由に要望を却下したが、足4の字固めは1度入ると、自力ではなかなか抜けられない代物でもあり、この時、デストロイヤーが猪木との両者失格に加担したという説は、今もって根強い。

猪木はこの時、同じ控室で、こうも言った。

「力道山先生も、そうやって日本のプロレス界を統一して来たじゃないですか」

一線を超えた木村政彦戦のことを指していると思われるが、他人の試合中の会見とい

い、これでは上層部に危険分子と見られてもおかしくなかった。猪木は結局、この年末、日本プロレスを除名された。

３つ目は互いに新日本、全日本の長になっていた１９７４年12月13日。この日付で正式な挑戦状を出した。

「〝立ち給え！　馬場君〟そして男らしく勝負を決しようではないか」

なんとも威勢の良い文言が並ぶ。旗揚げ2年目の１９７３年4月から、ようやくテレビ中継がついた新日本プロレスは上昇気流に乗り、猪木は翌１９７４年の３月にストロング小林、10月に大木金太郎といった大物レスラーを連破。実力日本一に手をかけた機運での、確かにグッドタイミングな挑戦状送付だった。

しかも、この3ヵ月前の9月28日には芳の里、大坪清隆、豊登、九州山が「日本プロレスＯＢ会」として、「猪木VS.大木の勝者と戦うべき」と、馬場に勧告状を提出。いずれも猪木シンパだけに、なんとなく裏が透けて見える。

細かい煽り立てを挙げればキリがない。猪木が卍固めを初公開した試合後には、

「コブラツイストは誰でも使える技ですし」

と軽口。同じ控室には、そのコブラツイストを猪木に続いて使い始めた馬場がいた

（1968年12月13日）。

「コブラを真似されて、随分悔しい思いをしたもんだ」

と、後に猪木は卍固め開発の理由を語っている。団体が分かれてから唯一の同舟となった1979年のオールスター戦では、馬場と久々のタッグ、「BI砲」を復活させ、ブッチャー、タイガー・ジェット・シン組を破ったが、直後に猪木がマイクで、

「馬場さん、今度2人がこのリングで会う時は、戦う時です！」

とアピール。馬場も「よし、やろう」と応じたが、今で言う無茶ぶり感は否めない。リング上でこれだから、降りれば更に舌鋒は鋭くなった。

「プロレスをスポーツという観点から見てもらうために努力しているんです。それを他の団体が足引っぱっているわけなんですよ。（中略）ジャイアント馬場なんていうのは今日にでもつぶさないと、いけないと思ってるんですよ」（『週刊文春』1975年7月3日号）

ラッシャー木村の挑戦に対し、馬場を下に印象付けるような返答をしたのは前述の通りである。

なお、馬場は猪木のこれらの〝口撃〟を、基本、黙殺した。

「ま、ご苦労さん」

「馬場ちゃんさあ」

馬場の定宿であったキャピトル東急ホテル（当時）のカフェ『オリガミ』で大男が話しかける。見ると、ユセフ・トルコである。日本プロレスのＯＢかつ、新日本プロレス旗揚げ時には、レフェリーも務めた辣腕だ。

「もう最後なんだから、挨拶くらい、行きなよ。それがダメなら祝電でも」

１９９８年3月のことである。猪木はこの翌月の４日に東京ドームでの引退が決まっており、トルコはいわば、その場への出席を馬場にうながしに来たのだった。だが、馬場は当日、来なかったし、祝電の類もなかった。

このトルコと会った時期の、馬場の貴重なインタビューがある。しかも、幻のまま幕を閉じる猪木戦について。

「お互いテレビの契約があって絶対にやれなかったんですよ。やれないことが分かっていても、マスコミでは言う方が得をするわけです」（『ＡＥＲＡ』１９９８年3月23日号）

そして、こう続けている。

「（現在は）みんな、口でプロレスをするようになった、その元祖が猪木です」

猪木引退の日、馬場は石川県で試合だった。1人の記者が、当たり前のように聞いた。

「猪木さんの引退に、コメントを頂きたいのですが」

「馬鹿野郎。そんなこと、言えるか」

即答だった。

「俺には何も関係ありません。話すこともありません。ま、ご苦労さん……」

しかし、猪木が馬場を「口撃」することが、そのままプロレスへの関心を高める作用があったのも事実に思う。

「言うまでもないことだが、私と馬場のプロレスはまったく違う。強い弱いでいえば、当然私の方が強い。それだけではなく、プロレス観がまるで違うと思う。私は自分の生きざまをリングでさらけ出し、観客に感動を与えるプロレスを目指していた。（中略）それは力道山から受け継いだものだ」（『アントニオ猪木自伝』新潮文庫）

ここまではっきりと書いているように、プロレス観が違う者同士、一騎打ちをしても嚙み合うはずはない。猪木はそれを承知で、馬場への挑戦を公言していた。

38歳までに引退

２人が入門してまもなく、初めて一緒にプロレスを生観戦した際の、貴重なコメントが残っている（１９６０年4月15日。日本プロレス『第2回ワールド大リーグ戦』開幕戦）。

「こんな熱戦を観たのは初めて。僕はますますプロレスラーとしての生きがいを感じました！」

という猪木に対し、馬場の感想は、

「自分から入門したせいか、興味本位でなく、職業ということを意識して観ました」

馬場はその言葉通りの、地に足のついたプロレス人生だった。

全日本プロレスの社長になってからは、給料の遅配は一切なし。「馬場の言葉は、どんな契約書よりも固く守られる」と語ったのはスタン・ハンセンだ。噂は海外でもとどろいた。ファンも馬場の人間性にほれ込み、１９９０年代の全日本プロレス・ブームを巻き起こした。

一方で、自身もリングに上がり続けた。もちろんファンの要望もあった。いや、願望と言っていいかも知れない。晩年の馬場を指して、ビートたけしは言う。

「はじめからスローVTRみたいな動きはまるで神官、馬場さんはプロレスを神事にまで高めちゃった人だ」

『芸術新潮』２０１０年1月号のアンケート、タイトルは「わたしが選ぶ日本遺産」だった（他に矢沢永吉、岡本太郎らを挙げている）。

時に好戦的で、夢を語る猪木を好む記者が多い一方で、謹厳実直な馬場を好きな記者も負けじと多かった。そんな馬場派の記者に、馬場が聞いたことがある。

「菊池さん、風俗とか、行ったことある？」

聞き手は菊池孝。筆者も親しくお付き合いさせて頂いたが、最古参のプロレス・ライターにして、「アリ戦を評価しない日本のマスコミはレベルが低い」と断じた猪木に腹を立て、自分から新日本プロレスを〝取材拒否〟にした硬骨漢である。菊池は答えた。

「ないとは言えんなぁ（笑）」

「いいなあ。……俺は1度もない」

「その体じゃ、目立っちゃうもんなあ（笑）」

菊池は冗談にしたが、馬場の目が寂しく光るのを見逃さなかったという。菊池によく言ったことがあった。

「38歳までに引退して、ハワイで暮らす。そして、偶に試合に出るんだ」

「どんな試合？」
「修行時代のように、アメリカでヒール（悪役）をやる。自分が知られてないところで、自由に大暴れするのは楽しいぞ！（笑）」

「おまえ、いいよなぁ」

「馬場さん！」

猪木は引退から半年後の1998年10月19日、馬場と偶然、都内で顔を合わせた。今では割と知られるところとなったが、2人はオフレコではいがみ合うこともなく、友人だった。

先のオールスター戦の半月前にはハワイで極秘で合同特訓を行い、猪木のスーツケースを馬場が車に積み込んでいる姿が目撃されたり、当日の出番直前、控室に取り巻きがいなくなると、突然、2人でゴルフの話をし始めたりした逸話も残る。

この時も、そんな一瞬だった。馬場は猪木を見て、噴き出した。猪木は5日後に旗揚げする3番目の自団体、UFOの盛り上げのため、力道山の墓前で頭を丸めるというパフォーマンスをした直後だったのだ。

「おい！　どうしたんだよ、その頭は（笑）」

「いやあ、俺が盛り立てないとなぁって（笑）」

そして、その2ヵ月後もまた、都内のホテルで偶然出会い、立ち話。それが2人の、最後の遭遇となった。

翌1999年1月31日、馬場は大腸ガンで急逝。「謹んで哀悼の意を表します」という猪木のお悔やみの言葉は、海外から伝えられた。馬場逝去の一報が入ったその瞬間、猪木は新たな企画実現のため、第二の故郷、ブラジルはアマゾンの森林の中を車で走っていたのだ。

晩年の交流を猪木はこう述懐している。

「馬場さんは、いつでも私に会うと、『おまえ、いいよなあ。やりたいことやりやがって』という感じで、よくやるなあと挨拶してくれた」（『文藝春秋』1999年4月号）

「私の引退試合に、来られることはなくて。でも、それで良かったと思うんです。そんな日本人的な姿勢が、また馬場さんらしくて」

2月5日、ロサンゼルスのUFO事務所に戻った猪木は、日本の各マスコミ宛てに国際電話を通じ、思いを吐露した。

「本当に、随分、迷惑をかけたと思う」

「馬場さんがいたから、私は光ることができた」

公には、ひょっとしたら初めてかも知れない、腹蔵なく語られた思いの最後を、猪木は「ただ、一言しかないですね」と、こう締めくくった。

「馬場さん、ありがとう」

プロレス会場に金属探知機

1980年2月27日、新日本プロレスの蔵前国技館大会、メインカードは猪木VS.ウィリー・ウィリアムス。極真空手の猛者との異種格闘技戦において、プロレス会場に金属探知機が設置された。当時、ウィリーは既に極真会館から破門されてはいたものの、勝負の結果は沽券にかかわる。当日、ウィリー側の陣営に、刃物の類を持ち込む輩がいるのではという警戒からだった。貸与元の第一総合警備保障によると、この機器の使用は1974年の三菱重工爆破事件以来だったという。

実際、試合は、今でも動画の類を見てもその空気が伝わってくるほど、極めて殺気だった雰囲気だった。セコンドにつく極真空手側の面々と、同じく新日本プロレスの面々。隙あらば猪木に殴打を含む（？）一太刀を浴びせようかという前者に、猪木を守ろうとする後者。場外戦の度にいっせいに互いの人員が雪崩れ込む様は、ちょっとした討ち入り風景のようでもあった。

ところが結局、両者ドクターストップ、痛み分けに文字通り終わったこの試合について新間寿に聞くと、何とも嬉しそうに、こう返って来た。

「あの後ね、梶原一騎先生に言われたの。〝ウィリーは、やみくもに場外に落ちてしまっていた。でも、猪木クンは絶対に、自分のセコンドがいる側に落下するよう、計算していた。所詮は、プロとアマの差だね〟って」

だが、そんな猪木の機転も、都会の雑踏の中ではきかなかった。

大物シンガーも興奮

「よしだたくろう逮捕」

そんな見出しが紙面に躍ったことがあった。

フォークシンガーの吉田拓郎（当時は平仮名で活動）が、10代後半のファンの女性に、暴行を働いたというのである。

ところがこの事件、あっさりと収束することになる。ただ単に、女性側の狂言だったのだ。１９７３年5月23日（水）に誤認逮捕され、6月２日（土）には自由の身になった吉田拓郎は知人に、こう問いただしたと伝えられる。

「先週の猪木VS.シン、どうなった？」

もちろんシンとは〝インドの狂虎〟、タイガー・ジェット・シンのことである。

日本における２大外国人ヒールといえば、アブドーラ・ザ・ブッチャーと、銀色に光るサーベルでお馴染みのシンだろう。

無論、両者以外にも凄玉は多く来日したが、長きに亘り、各々が馬場、猪木のライバルであったことが他のレスラーと印象度を大きく分ける。馬場との初のシングルマッチで、会場の東京スタジアムのダッグアウトまで場外戦を展開したブッチャーも凄かったが（１９７０年9月5日）、シンと猪木の初遭遇のインパクトはそれ以上だった。

シンが初めて日本のテレビに映ったのが、１９７３年5月４日。金曜夜８時からの『ワールドプロレスリング』生中継だが、なんと、観客としてであった。

山本小鉄VS.スティーブ・リッカードの試合に突然、私服で乱入して小鉄を襲撃。助けに来た猪木と大乱闘となり、翌週からテレビに選手として登場したのである。

懐かしい言い方を許して頂ければ、「ブラウン管初登場」から4週目の5月25日には、早くもエース・猪木と初の一騎討ち（3本勝負で、ラストは猪木の反則負け）。この模様を吉田拓郎が気にかけていたという時点で、シンの当初からの暴れっぷりがわかるだろう。よって、秋のシリーズで早くも2度目の来日を果たす。そのさなかの11月5日、午後6時頃だった。あるプロレスファンから東京スポーツ編集局に電話がかかって来たのである。

「今、猪木さんが路上で皆に殴られてます！　相手は、よくわからないけど、外国人です！」

それは、いたずらでも狂言でもなかった。

「伊勢丹事件」の詳細

「新宿伊勢丹前襲撃事件」

マニア内ではおおむねこう呼ばれるアクシデントが起こったのは、1973年11月5日。猪木はこの日、妻の倍賞美津子、実弟の猪木啓介と、東京・新宿の伊勢丹で買い物をしていた。当時を知る関係者の話をまとめた事件の状況は以下の通りである。

午後6時少し前に、猪木が少し先んじる形で、伊勢丹の正面入り口を出た。その時、私服でやって来るタイガー・ジェット・シン、ジャック・ルージョー、ビル・ホワイトに気付いた。シン同様、他の2名も、シリーズに参戦中の外国人レスラーである。この時、猪木は3人と「目が合ったが、無視した」という。

瞬間、ホワイトが怒号をあげ、猪木を突き飛ばすと、シンも猪木を蹴り上げ、さらにバランスを崩した猪木を路肩のガードレールに叩きつけた。

その後、猪木を立たせて殴りつけると、うずくまった猪木の脇腹を蹴り上げる。遅れて出て来た倍賞美津子は悲鳴をあげ、弟の啓介は一応、柔道2段なのだが、「足がすくみ」（本人談）、急いでタクシーを停車させた。

周囲は既に黒山の人だかり。誰かが110番通報したのか、パトカー4台が駆け付けたものの、その時にはあとの祭り。猪木はタクシーに乗せられ走り去り、外国人勢も姿を消していた。ただ、ガードレールがへこみ、そこには血痕もあった。猪木の額に3センチの裂傷があり、全治1週間となった怪我のその名残だった。

事件を扱った四谷警察署は、さっそく新日本プロレスの関係者を呼んだ。

やって来た新間寿と猪木啓介に、被害届を出すように進言する。だが、そうすると、シンを始めとする3人は収監か、国外追放になる。新日サイドは協議の上、翌朝、猪木自身が出頭。

「今、やっている興行のこともあるので、それは出来ません」

結局、富沢信太郎総務部長が同署に改めて始末書を提出することで、この件は落着となる。あくまで事務的にだ。しかし、一部のファンの間では、この出来事をめぐって長年、紛糾することになる。

つまり〝やらせか、否か〟である。

決着はリングでつける

2001年、明確に「仕込みである」と著作で明かしたのが、元新日本プロレスのレフェリー・ミスター高橋だった。

一方で、「やらせとか、絶対にそんなはずはない」と近年も筆者に力説したのは、プロレス・マスコミ界の重鎮である、櫻井康雄。

テレビ朝日『ワールドプロレスリング』の解説でもおなじみだが、事件当時は東京スポーツのデスクであり、ファンからの電話を受けたのも同氏である。つまり、その場にいたわけではない。そこで「最初はいたずら電話かと思った」という。だからこそ、やらせではないという根拠も明瞭だった。

「やらせなら、なんで東スポをその場に呼んでくれないんです？　今もって、この時の現場写真は、１枚もないんです。そんな乱闘したって意味がない。わからないんですから」

では当事者はどうか？

それこそ当日深夜の東京スポーツによる直撃インタビューに、猪木はこう答えている。

「いつもリングで血みどろになって戦っている相手だし、ファンの前で笑顔を見せられない」

「このまま帰られてたまるもんですか。きょうの決着はハッキリとリング上でつけますよ」（東京スポーツ1973年11月7日付）

「刺激」という脱線

騒動明け最初の興行である３日後（11月８日）の静岡県沼津市体育館大会は、主催者発表で4300人の観衆が集結した。通常なら2500人程度で満員マークが付く同会場のその日のメインは、猪木が坂口征二、山本小鉄と組む3本勝負の6人タッグマッチ。相手は、言わずもがな、前出の3外国人だった。

試合は、猪木とシンがいきなりヒートアップし、場外戦を繰り広げ、5分32秒で両者ドクターストップ。興奮がおさまらず、なんとこの時点でお互い、控室に強引に返されてしまった。実質的に2本目から猪木とシンが不在の4人タッグマッチになったわけだが（試合は坂口がホワイトからフォール勝ち）、翌日の『ワールドプロレスリング』では録画でこの試合の模様を放送。もちろん、伊勢丹前でのトラブルも実況で触れられた。

翌週の11月16日には、遂に猪木とシンが、騒動後初の一騎討ち。生中継の会場となった札幌中島スポーツセンターの観客動員は主催者発表で9000人。これまた同会場の規模からすれば大変な数字だが、それでも、なんと1000人以上が入りきれずに帰ったという。

その後、長年に亘り、猪木VS.シンが新日本プロレスのドル箱カードになったのはファンなら知る通りだろう。1981年にシンが新日本を離れるまでの約8年間で、なんと37度の一騎討ち。しかも、タイトルマッチでも特別なデスマッチでもない、普通のシングルマッチが、そのうち17回ある。それも全てメインイベント。つまり、2人が闘うというだけで、客を呼べていたということになる。

猪木はこう振り返っている。

「シンが来た頃っていうのは、どんなにいいレスリングをやってもお客がまったく振り向いてくれなかったんだよね。俺はよくプロレスを鉄道のレールにたとえるんだけど、基本のレールはグラウンドとかのオーソドックスなレスリングであることは間違いない。だけどときには、刺激というある種の脱線もプロの興行には必要なんです」

余談だが、シンにサーベルを持たせたのも、猪木のアイデアだった。知己の日系エージェントが売り込んで来た際、シンはそのプロモーション写真でナイフをくわえていた。

「なんだこりゃ、おもちゃみたいなもんくわえやがって！　どうせならサーベルでもくわえさせろよ」

その猪木のダメ出しが提言さながら、現実化したのである。そして、こう付言する。

「新日本プロレスのストロングスタイルがここまで続いてこられたのは、その局面ごとに変化するファイブカウントの幅を持っていたことだと思うんですよ」（前言含め、『アントニオ猪木の証明』アートン）

プロレスでは、反則行為をした場合、レフェリーが5カウントを取った時点で負けとなる。つまり、4カウントまでは反則行為が行える。そのカウント内で最高のパフォーマンスができた相手こそ、シンであったことは論を俟たない。猪木の発想に恐れずついて行き、そして、それ以上を見せたのだ。

猪木の顔面に火の玉を浴びせたこともあれば、その6日後には猪木に腕折りを敢行されたシン。猪木の虎の子タイトル、NWF世界ヘビー級王座を広島で初奪取した夜は、その筋の人間に命を狙われたこともあると聞く。そんな特別な試合時だけではない。代名詞と言っていい、狂乱の入場シーンに手を出す客がいたのでKOすると、これまたその筋の人間で、仲間たちが控室に殺到。しかも、その日はそれだけで終わらなかった。

会場を出た後、裏通りで凶器を突き付けられたという。

それは、拳銃だった。突然、シンは言った。

"……Yeah. Try to shoot"（いいぞ。撃ってみろよ）

"……"

"Shoot me !"（撃ってみろ！）

突然、相手は相好を崩し、「フレンド、ユー・アー・フレンド」と口ごもり、銃を下げた。その後はうって変わってシンの控室に先方から差し入れが相次いだが、なぜか、蛇の生き血ベースのドリンクが多かったという。

「人生の勝負は俺の勝ちじゃないか」

現在カナダ在住で、地元では実業家かつ名士として知られ、タクシーの運転手でその豪邸を知らぬものはいないというシン。自身の名前が冠された小学校や通りまである。しかし日本でのインタビュー取材は、やはり主に猪木との8年間、闘いの歴史についてがメインとなる。

2002年1月、来日していたシンを極めて妙なところで見た。

ある芸能関連の現場で、美女と2ショットを撮っていたのだ。吉永小百合だった。多くの来日を数える中で、シンは吉永のファンになっていったのだという。

以前、新日本プロレスの通訳であり、この時は吉永の事務所で働いていたKさんがシンのこの大願を覚えており、便宜をはかったのだった。当時、吉永は110本目の映画出演作である『千年の恋 ひかる源氏物語』が公開中だっただけに、シンほどの大物であれば、舞台挨拶のゲストでも可能だったろうが、ふんだんにオシャレをしつつ、それでいて劇場の通路でのこっそりとした記念撮影にとどめたのは、何ともシンらしかった。

２０２１年2月25日には、カナダ・トロントの日本総領事から表彰を受けた。２０１１年の東日本大震災にあたり、自らの財団を通じて2万カナダドル（約１７０万円）の寄付を集めたのだった。

「日本は私にとって、第2の故郷だから」と語ったシン。実はこの手の表彰は何度もあり、それについて日本のマスコミが触れた時、思わずこう返したことも。

「サユリ（吉永小百合）さんに、誤解されやすい私の、本当の姿、生きざまを知ってほしい」（『週刊アサヒ芸能』２００２年11月7日号）

しかし、２０１１年8月27日、まさに東日本大震災チャリティ興行（INOKI GENOME～Super Stars Festival 2011）に登場すると、主催者の猪木と乱闘を展開。その後、こんなコメントを残した。

「人生の勝負は俺の勝ちじゃないか？　俺は副業も上手くいってるから」

記念碑に刻まれた巌流島対決

プロレスラーは、保険の類に加入しにくい。

「危険がつきまとう職業」とみなされているためである。もちろん、対応はそれぞれの保険会社によることは明記しておきたいが、もろもろ現役陣の経験を参照すると、

「僕の場合、保険金が下りるのは、病気による入院時のみ。怪我の治療やそれにともなう手術では、保険金は下りないと言われました」（20代・プロレスラー）

「自分は（そもそも）傷害保険に入れませんでした」（40代・同）

そして、最も多く聞かれたのが、

「もし加入出来たとしても、保険料は極めて高額なものとなる」

という意見である。そういう中にあって、選手としての猪木に生命保険がかけられたことがあった。それも、「億以上としか言えない」（新日本プロレス関係者）金額で。

対象となった試合は、１９８７年10月４日のマサ斎藤戦。世に言う、〝プロレス版・巌流島の決戦〟である。

「慶長17年（一六一二）４月13日（12日・14日説あり）宮本武蔵と佐々木小次郎が決闘」

と印された横長の石板が来訪者を出迎える、巌流島（山口県下関市）。

事の発端は１９８７年９月17日、猪木が突然、こう言い始めたことだった。

「巌流島で、試合がしたい」

しかも、宿泊先だった大阪のホテルでの単独会見である。しかし、そもそも巌流島は（こう言ってはなんだが）自然以外は何もない、無人島である。

だからこそだろう、アウトラインは即座に決まって行った。

「リングは野外に建てる」

そして意外なことに、

「観客は、入れない」

つまりは、ノーピープル・マッチ。同試合形式は、1981年、テリー・ファンクとジェリー・ローラーがテネシーでおこなったのが草分けとされるが、日本ではこの試合が紛れもなく初めてで、斬新そのもの。さすがは進取の気性に富む猪木らしいと、ファンもマスコミも思い込んでいた……この時は。ところが、猪木がこれをぶちあげた2日後の9月19日、藤波辰巳（現・辰爾）が公然と言った。

「猪木さんとマサさんが巌流島なら、俺は長州（力）と伊豆大島で戦う！」

当時の新日本プロレスのリング上の抗争図式は、猪木を頭とする旧世代軍と、藤波、長州を中心とする新世代軍が闘う、いわゆる「世代闘争」の佳境。巌流島というトピックで、猪木に注目を持って行かれた藤波のそれはささやか、かつ、多少のウィットに富んだ反抗と見られれた。ところが本人の中では、極めて重い発言だったのである。

巌流島対決というアイデアは、そもそも藤波が考え出したものだったのだ。

試合の発案者

きっかけはこの年の4月20日、下関市体育館大会の前、藤波が新日本プロレス営業部員数名と、近隣の火の山公園内の高台に登ったことだった。その展望台から、巌流島が見えたのである。すると、藤波は言った。

「武蔵と小次郎の巌流島……。あそこで僕と長州が闘ったら、絵になるね」

4ヵ月後の8月、『ワールドプロレスリング』から秋の特番の話が舞い込む。その際、新日本プロレス営業部次長の上井文彦が藤波の言葉を思い出し、上層部にあげた。結果、特番枠は確保出来た。それも「巌流島対決」として。だが、カードはご承知のように、「藤波VS.長州」ではなかった。

加えて言えば、ノーピープル・マッチも、猪木のアイデアではなかった。意外にも巌流島自体、民間企業の私有地が大半を占めていた。それが1985年になって、島の3分の1ほどが市の管理下になったのである。つまり、市としては、新日本プロレスが注目してくれること自体は幸先の良いスタートだったが、実際のその所有部分は、雑草だらけ。とても観客を入れられる状態ではなかったし、整備する時間もない。やむなく上井が無観客試合を決定。これにはテレビ朝日から新日本プロレスに出向していた役員のTが大激怒する。

「興行会社が客を入れないとは、どういうことだ⁉」

テレビ的にも映えるとは思えなかったのだろう。やむなく上井は収入源として、当日、猪木、斎藤それぞれの幟を立て、それらにスポンサー名を入れることにした。こちらは1本10万円で、駆け込みも含め、最終的に130本集まったという（猪木86本。斎藤44本）。

外形を決めたのは、藤波と上井。にもかかわらず、猪木はこの巌流島対決に、執拗なまでにこだわった。いや、執着していたと言って過言ではない。

例えば決戦6日前の9月28日。夜9時に新日本の道場に現れると、近くの多摩川の川べりでのランニングから始まり、そのまま深夜2時まで5時間、ぶっ通しで練習した。当時の猪木は44歳。「軍隊より厳しい」と言われる新日本プロレス道場であるが、若手の合同練習ですら3時間で切り上げる。個人練習とは言え、当時の若手たちが「朝までやるんじゃないか……」とおののくのも無理もなかった。

翌29日は午後2時から、これまた5時間、一続きで猛練習。それも、完全極秘であった。というのもこの日、新日本プロレスの首脳が、

「猪木さん、どこに行った？　連絡がつかないんだが」

と探し回る一幕があったのだ。

意に介さず、猪木は言った。

「月が替わったら、さらに巌流島1本に絞って行く」

まだ追い込み足りないのか。この時期の猪木の様子について、新日本プロレス関係者の回顧が残っている。

「どこか、狂気じみていた」

そんな印象を裏付けるかのように、猪木は決戦当日、1枚の書をしたためた。

「この度　私儀　猪木寛至は、戦いの夢であった巌流島決闘が実現のはこびとなり、皆様のごめいわくをもかえりみず、私の思いを果させていただきました事心より深く感謝申し上げます。ついては、私に万が一の事態が起きたる時は、レスラー、社員一同一丸

となって、プロレス界の発展につくされん事を願います。　昭和六十二年十月四日　アントニオ猪木」

遺書とも取れる内容である。

この時の猪木に生命保険がかけられたのはすでに紹介した通り。

新日本プロレス側は猪木の異変を感じ取っていた。なぜなら、この巌流島決戦に際し、猪木自身が強硬につけた条件があったのだ。それは「ノーレフェリー」、「ノールール」、そして「時間無制限」。

実は猪木、2日前の10月2日、16年間連れ添った倍賞美津子と離婚していた。話し合った上での決断は8月下旬のことだ。マンションの引き払いも含め、9月は残務整理。最後に残された離婚届の提出が10月2日だった。

その日から猪木は、39度を超える高熱を出した。はたしてオーバーワークだけが原因だったのだろうか。

試合開始

決戦当日の10月4日午後2時19分に、猪木は下関の宿、みもすそ川別館からタオルで顔をくるみ、巌流島に渡る小舟に乗船。その際、涙が止まらなかったという。

だが、現地では既に一部マスコミが紛糾していた。

ノールールだったため、試合開始時間も決まらず、「10月4日の日の出からが（試合開始時間の）対象となる」と新日本プロレス側が発表していた。

この発表を信じ、ほぼ全てのマスコミが早朝に現地入りしていたのである。

午後になると一般マスコミが、

「なぜ、試合が始まらないのか。そもそも2人とも、いつ来るのか」

と新日本サイドに食ってかかる一幕もあった一方で、猪木を取材慣れしている記者の泰然とした態度は、良くも悪くもコントラストを生んでいた。

午後3時56分にマサ斎藤も到着。よって、試合開始は午後4時半とされたが、互いが控室代わりのテントから出て来て組み合ったのは、午後5時7分。猪木側のテントに残されたタオルはビショ濡れだった。発汗作用で解熱を試みた上での出陣。コンディションは最悪だったのだ。だがルール無し、ましてや観客も無しだけに、互いの戦意の高揚に準じた結果が、この開始時間だったということになる。

アメリカでは一匹狼として熊とも闘うなど、様々な経験をした斎藤は野外試合でも手練れである。この日も作戦を立てた。常に太陽を背に闘うのだ。西日がまぶしく、猪木は視界が不明瞭になる。実際、あっさりと斎藤がタックルで先手を取った。

瞬間、気づいた。マットが異常に硬い。

これまた猪木の発案で、スプリングや緩衝材が抜かれていたのである。

観客に見せる派手な攻防はいらないという意図だが、ダメージは甚大になる。それを利用してなのか、猪木の最初の攻めは斎藤の顔をマットに押し付けるというもの。鼻血を出した斎藤は、必殺の「監獄固め」を再三再四に渡り、狙う。だが、猪木は鬼の形相でこれを阻止。斎藤自身がアメリカで収監されたことがあることと、「1度入ったら抜けられない」という意味をかけた同技のネーミングは、決して誇張ではない。それゆえ、レフェリーもロープブレイクもないこの場で技が入れば、その時点で勝負がつくことを猪木も承知していた感があった。

「死ぬまでやろう」

観客がいない分地味で、レフェリーがいない分、猛々しい攻防が続く。

草むらの上となる場外でスリーパーホールドを食らい、泡を吹く猪木。エプロンの角に腕の関節を押しつけられ、悲鳴をあげる斎藤。午後5時58分、照明代わりの篝火に点火。すると、そこに斎藤を叩きつける猪木。さらに、その場外で、ヘッドバットの8連発。もはや完全に野試合だ。

実はリングより半径50ｍまで、立ち入り禁止のロープが張られていた。ノールール、ノーレフェリー、時間無制限に続き、「この一戦は、誰にも邪魔されたくない」という猪木からの要請だった。よって、決着用のゲートが用意され、どちらかが片方を完全KOし、ゲートをくぐった瞬間が勝利と決められた。

試合開始から1時間50分、斎藤側からの初めての大技、バックドロップが火を噴き、1時間55分、走りこんでのラリアットを見舞おうとする斎藤に猪木が強烈なドロップキック。この1発で斎藤が肩甲骨を骨折した。互いに瀕死。猪木のうわごとのような呟きが集音マイクから聞こえて来た。

「死ぬまでやろう、男だったら」

もちろん、斎藤に向けた言葉だった。

巌流島対決の企画を奪取した際、猪木はこう言ったと伝えられる。

「藤波と長州には、まだ無理だろ。この試合が出来るのは、俺とマサしかいない」

2人が出会ったのは1966年のハワイ。若手ながら猪木の新団体、東京プロレスに合流することになる斎藤は、初めて見る猪木の体を見て、「ターザンみたいだな」と目を見張る。しかし、更に驚いたのはその翌日だった。朝8時に起きると、猪木が姿を消していたのだ。悠然と斎藤が朝飯を取っていると、猪木が現れた。汗をかいていた。

「トレーニングして来た」

「俺も明日から連れて行って下さい!」

以降、猪木が日本のトップなら、海外では斎藤がトップに。主戦場としたミネアポリスには、「ミスター・サイトー」という名の〝強い〟カクテルが今でも残る。だが、常に立場は外国人としてのヒール。現地のファンに、車をスクラップにされたことも1度や2度ではなく、リングの余興で腕自慢の素人を相手にし、その目をくり抜いたことも。「アマチュア相手に手加減すれば、こちらが明日から食いっぱぐれる」という危機感からだった。

前述のように、収監されたこともある。1985年4月、仲間のレスラーと警察とのいざこざに巻き込まれただけだが、現場のウィスコンシン州ワカシャは白人至上意識が強い街。有色人種を街で見ること自体がまずなく、それだけでも不利だった。まして、斎藤が組み伏せた女性警官の父親は街の有力者だった。

刑期は1年7ヵ月に及んだ。当時の日本人の妻から離婚届けが届いたのは、収監中のことだった。そして関係者伝いに、もう1通手紙が届いたのも。差出人は猪木だった。東京スポーツ（1987年10月7日付）にその内容が明かされていた。

「戦おう」

猪木は巌流島対決が正式決定した直後、こんな決意を語っている。

「理屈抜きの魂のぶつかり合いをやって見せる」

そして、こうも言った。

「戦いは俺にとって、永遠のテーマだから」（9月14日岡山武道館にて）

2時間5分14秒

一瞬気が遠くなった斎藤。猪木の姿がない。すがりつくように「まだだ！　猪木！」と叫ぶと、戻って来る影がある。続いて後頭部ごと刈り取られるような痛みが。猪木の延髄斬りだ。だが、斎藤も猪木の頭をまさぐりあてると、強烈なヘッドバット3連発。手応えがあった。斎藤はヨロヨロと決着をつけるゲートにむかった。そこで斎藤の意識は、途切れた。

　気がつくと斎藤は、控室のテントで担架に乗せられていた。最後の最後で、背後から追って来た猪木のスリーパーホールドで落とされたのだ。試合タイムは、今もって日本のプロレス史上最長の、2時間5分14秒だった。

　翌日、後楽園ホールで、長州のシングルマッチがおこなわれた。

　対戦相手は直前までファン投票で募り、上位2傑である藤波、前田日明から、ゴング直前、レフェリーによるコイントスで決定した。瞬間、長州のラリアットが藤波に火を噴き、試合が開始された。この日は、こちらの長州VS.藤波を生中継、そして前日の巌流島決戦を録画中継にして、特番が組まれた。

　分刻みでのそれぞれの最高視聴率は、長州VS.藤波が11・2パーセント、猪木VS.斎藤が17・6パーセントだった。猪木は決戦6日後の10月10日、専門誌に語っている。

「彼ら（注・藤波、長州）があと一歩までせまってきた時、俺はもう、別のところにっているんだよ」（『週刊プロレス』1987年10月27日号）

　その日はちょうど、倍賞美津子との離婚が明るみに出た日でもあった。多数の一般マスコミに対応した後、専門誌の取材に応じたのである。

近年、巌流島に渡る小舟では、武蔵VS.小次郎の解説とともに、こんな一言も音声で添えられる。

「１９８７年10月４日に、アントニオ猪木とマサ斎藤の決闘もありました」

そして、出だしで述べた武蔵VS.小次郎の一戦が刻まれた石板の左方には、こんな文字も刻まれている。

「昭和62年（一九八七）10月４日　巌流島いっぱいに篝火を焚きアントニオ猪木とマサ斉藤のプロレス『夜のデスマッチ』興行」

書き忘れたが、石板のタイトルは以下である。

「巌流島　決闘の地」

第3章　大勝負

猪木、名勝負の裏にあるもの

いっとき、猪木の披露宴におけるスピーチは以下のようなものであった。

「プロレスには、レフェリーがカウントを5つ数えるまでの反則が許されています。夫婦生活もそれは同じ。むしろ、危機を脱することで、絆はより強くなる！　お互い多少の反則は大目に見ましょう！　それが人生です」

少なくとも80年代は常にこの祝辞（？）を披露していたので、ご存じの読者もいらっしゃることだろう。平たく言えば、〝夫婦間には、刺激が大事〟という意味になる。

そして、この思考は他でもない猪木のプロレス観にも通底していた。前章のシン戦で取り上げた猪木の所見を、今1度記させて頂きたい。

「新日本プロレスのストロングスタイルがここまで続いてこられたのは、その局面ごとに変化するファイブカウントの幅を持っていたことだと思うんですよ」

その上で、猪木がプロレスの重点を語った、有名な「4つの柱」という叙述がある。

・受身……受身は己を守るだけではなく、相手の技をより美しく見せることが出来る。

・攻撃……素晴らしい攻撃は、見る者に力強さと勇気を与えることが出来る。また、相手に怪我をさせないのも、プロの技術だ。
・表現力……怒り、苦しみという、種々の感情を人に訴えることが出来るのが、プロレスの美点である。
・信頼感……闘う者同士、信頼し合うことで、より素晴らしい攻防が生まれる。
初の共産圏出身のプロレスラーとなる、ソ連勢との交渉で、猪木が持ち出した定義である。これにソ連側は拍手喝采。無事、交流開始へと至ったわけだが、よく読んで欲しい。

この「4つの柱」と、前掲の言うなれば「反則5カウント理論」とでは、言っていることが真逆ではないだろうか。そして、同時に思う。その表裏一体感こそが猪木のプロレスの凄みであり、時に規定をはみ出すインパクトも、ファンの心を激しく揺さぶって来たのだと。更に付け加えれば、それは良くも悪くも、である。

本章では、未だにファンの記憶に鮮烈な3つの名勝負を取り上げる。それも度を越した試合だ。

内訳は、当時は禁忌とされた大物日本人対決を実現させたストロング小林戦、1人で3人を相手にした、はぐれ国際軍団とのハンディキャップマッチ、そして、衝撃的な結末が今も語り継がれる、第1回IWGPリーグ戦決勝の、ハルク・ホーガン戦。

その内実は〝猪木プロレス〟の奥義を自ずから物語るだろう。


20年ぶりの昭和巌流島対決・ストロング小林戦

猪木の右ストレートが炸裂した。相手は昏倒。カウントが数えられる。

「6、7、8……」

だが、いっこうに起き上がって来る気配はなかった。試合はこの日の朝のスポーツ紙で、このように前宣伝されていた。

「力道山―木村政彦の決戦以来、二十年ぶりの大物日本人同士の対決」（スポーツニッポン）

前夜に出た東京スポーツは、更に凄い。3ページ目を丸々使って、

「これが力道木村戦だ！」

と、それこそ20年前の同戦を豊富な写真で特集&回顧。そして、肝心の1面にはこうあった。

「『世紀の大決戦』 猪木・小林戦ズバリ推理」（1974年3月19日付）

この紙面と同じ日付である、1974年3月19日、猪木はストロング小林と一騎討ちをおこなった。

「力道山VS.木村政彦」以上の試合

力道山VS.木村政彦といえば、力道山がプロレスの域を超えた殴打を木村に炸裂させ、一瞬にしてKOしてしまった〝野試合〟として知られる。

その試合と猪木VS.小林を同列に扱うのは、令和の今から言えば大袈裟にも思えるが、当時は戦うこと自体が大事件だった。対戦に先立つ3月1日におこなわれた調印式では、東京スポーツ新聞社・井上博社長（当時）立ち合いのもと、次のような文面の誓約書も交わされている。

「（前略）試合に於て私達はいままで精進せる技、そして闘志をぶつけ合い正々堂々とスポーツマンシップにのっとってファイトすることを誓います（後略）」

さらに、後日になって、メインレフェリーを務める元レスラー清美川から、以下の申し出があった。

「副審に、力道山VS.木村政彦を知る人を付けた方がいいかも知れない」

誓約書の用意もあるとはいえ、結局はお互いのプライドがルールである。万が一が起こった時、とても1人で止められるものではないという危惧があった。

実際、力道山VS.木村では、力道山の（木村から見れば）暴走を、レフェリーのハロルド登喜は止められなかった。そしてこの一戦を機に、一時的に、プロレスの人気は下がった。これについては、様々な複合的事情があろう。試合後、同試合に筋書があったが、力道山がそれを破ったとした木村側の抗議はその最たるもの。しかし、ある意味、それ以上に直接的な影響があったと言っていいのが、単純に、その試合内容だった。

当時、中学2年生ながら、地元・静岡県から上京してこの試合を生観戦した作家・村松友視の述懐が残っている。

「木村がノックアウトで負けた時にね、観客がもうとにかく騒然っていうんじゃなく、息をのんで黙っちゃったんですよ。（中略）何もここまでやらなくてもいいんじゃないか、というような感じで、本当に全観客が黙りこくっちゃったんです」（『甦る怒濤の男力道山』ダイナミックセラーズ）

一方的な叩き潰しが、明らかに観客を置いてきぼりにしたのだった。

実は猪木にも、そんな試合があった。ただ、こちらはそれより遥かに始末が悪い、文字通りの置き去り。猪木の登場を待ちわびる約2000人の観客を前に、そもそも試合に出なかったのだ。

「板橋暴動事件」

電話が鳴り、猪木が取った。受話器の向こうの知人は言った。

「テレビを点《つ》けろ！　大変なことになってる！」

言われた通りにすると、ニュース番組にプロレスのリングが映っている。それは、猪木が先ほどまでいた会場だった。しかし試合をせず、団体の事務所に帰って来たのだった。キャンバス上に選手はいない。だが、観客によって投げ込まれたのだろう。椅子や角材が散乱し、誰かが放火したのか、煙も上がっていた。

自分が出なかったことが、この事態を引き起こしたのは明らかだった。1966年11月21日のことである。

俗に言う「板橋暴動事件」。

経緯はこうだ。この日、埼玉県朝霞市に本拠を置く興行会社、オリエント・プロモーションが、日本プロレスを離れ旗揚げしたばかりの猪木の団体、東京プロレスの、元都電板橋駅前板谷駐車場大会を主催した。

ところが、同プロモーションは興行会社としては駆け出しだった。何せ、東京プロレス専門の興行会社だったのだ。つまり、この年の10月12日に旗揚げした同団体と同じく、社歴もそこから。そして、興行は水ものというが、悪い意味でその言葉通りになって行く。客が思うように集まらず、収益も上がらなかったのだ。そのため東京プロレス側に、思うようなギャラも払えない。

そうして迎えたこの板橋大会、東京プロレスとしては先ず、当然、今まで貰う筈だったギャラを要求した。しかし、とても意に沿う対応は見られず、東京プロレス側は試合に出ないことを決めてしまった。

当日の開場時間は午後4時半。試合開始が午後6時半。ところがその時刻になっても選手は1人も現れず、主催者側は、「交通事情のため、遅れております」を繰り返すばかり。

なんと午後7時10分までチケットを売り続けたが、遂に断念して試合中止を発表。当日は寒波が訪れ、最低気温は5・9度。長くて2時間半以上も待たされた客は、暴徒と化した。屋外試合のため、四方に張られていた天幕が破られ、椅子席として置かれていた長い木製のベンチが破壊され、リングに投げ込まれた。

リングに上がり、コーナーポストやマットを剝がす者まで現れ、遂には火を付けられた新聞紙がリング内に放り込まれる。結局、警視庁が百数十名の機動隊を動員し、鎮圧。テレビ報道もやむなしの大惨事になったのである。

プロモーターの不手際から起こったこの騒動を、時の東京スポーツはこう報じている。

「事件は未然に防げなかったのだろうか？　ずばりいって防げたはずだ。主催者は『試合開催』の見込みのないものなら二時間も観客を寒空に待たせる前に、事情を説明してスムーズに払い戻しをしておれば騒ぎになるほどの観客の怒りは買わなかったろう」

（1966年11月23日付）

だが、このようにも続けた。

「東京プロレス側にも問題はある。（中略）寒空に毛布にくるまって待っているファンを考えたら金より試合をやることの方が先だったのではないか。金の問題は後からでも決着がつけられるが、一度信用を失って逃げていったファンはもう後から取りかえすことはできない。（中略）寒空の中を毛布を持って野天の試合場へ猪木、豊登をわざわざ応援にきたファンに対する東京プロレスの責任はきびしく追及されねばなるまい。ファンあってのプロレスであり、何事もファン第一というプロスポーツマンとしての根本的な精神を豊登と猪木は忘れたのだろうか」

なお、見出しには、こうあった。

「ファンになぜ迷惑をかけた！」

東京プロレスはこの後、1ヵ月も経たずに自力で興行が打てなくなり、翌年1月より国際プロレスとの合同興行に活路を見出したが、同月内が結局、最後の興行となった。

右記の記事を署名入りで書いた記者が、猪木サイドから呼び出されたのは、その8年後、1974年2月のことだった。

コタツで丸まっていたストロング小林

新日本フロントの新間寿から電話を受けた記者が、新間の自宅に出向くと、いたずらっぽく言われた。

「2階に上がってみてよ」

言われた通りにすると、希にみる巨体の男が小さく、コタツに丸まっており、記者を認め、言った。

「やあ、どうも」

それは、ストロング小林だった。

猪木は東京プロレスの活動停止後、古巣の日本プロレスに復帰した。だが1971年末、会社乗っ取りの汚名を着せられ、日本プロレスを永久追放。翌72年3月、新日本プロレスを旗揚げした。73年にはNETのレギュラー放送が始まり、タイガー・ジェット・シンとの抗争も大当たりしていた。

だが、常に大物外国人レスラーを何人も抱える全日本プロレスとの格差は埋まらず、何か大きな試合、そう、大勝負が猪木には必要だった。その猪木の腹心である新間の自宅に、国際プロレスのエースである、ストロング小林がいる……。

新間は言った。

「フリーになって、猪木と戦いたいそうです」

小林に聞くと、国際プロレスとは年毎の1年契約で、この度、更改せずに飛び出して来たという。

「東スポさんで、大々的に報じて下さいよ」

という新聞に、「いや」と、記者は拒んだ。

「これは日本のプロレス史に残る、大変なビッグマッチになる。だから、ちゃんと他の媒体も呼んで、然るべき場で、挑戦表明をさせるべきです」

この記者の名は櫻井康雄である。格闘技に対する造詣の深さと、板橋事件でも見せた歯に衣着せぬ物言いで、この時期には押しも押されもせぬ東京スポーツの看板記者になっていた。

前記の光景を述懐した中にある「日本のプロレス史に残る」という、試合に対する評価も確かなものだ。猪木が復帰した後の日本プロレスで、もう1人のエースであるジャイアント馬場との対決が実現しなかったように、「大物日本人対決」はタブーとされて来た。20年前に凄惨な結果を招いてしまった、あの力道山VS.木村政彦以来なのである。

2月13日、小林がフリー宣言をし、同25日に、猪木が対戦受諾の返答をする。NWF世界ヘビー級選手権試合となる一戦は3月19日、蔵前国技館で行われることとなった。ファン側の盛り上がりも最高潮。前売りチケットは席種が高いものから、次々に売り切れていく。

だが3月8日、この熱気に思い切り冷水が浴びせられる。小林の前所属団体である国際プロレスが、会見で以下の発表をしたのだ。

「小林は契約が切れて以降も、1年は他の団体に出場出来ないことになっている」

契約書にこの条項が存在するというのだ。プロレスラーと団体の契約によく付帯するこの事項は、選手の移籍が頻繁になり始めた80年代に広く知られることとなったが、小林はいわば、そのはしりである。本人が知らなかったのも無理はない。ましてや、辞めた後でもある。しかし、条項に違反すれば、膨大な違約金が生じることが契約書には明示してある。

決戦11日前のハプニング。常にこうした交渉の矢面に立って来た新聞は、当時を振り返る。

「とても払えない額でね……」

それは、辣腕として知られた新聞が、珍しくシャッポを脱いだ瞬間だった。

ファンへの恩返し

時計の針を少し戻す――。
「ところで、櫻井さん」

突然、猪木が話しかけた。東京プロレス崩壊後、日本プロレスに復帰した後のこと。同団体で、来日したカール・ゴッチの薫陶を受け、猪木のその実力は更に飛躍的に向上していた。1969年7月2日からは、NETで『ワールドプロレスリング』が放送開始されていた。これは後の新日本プロレスを中継する番組ではなく、当時の日本プロレスで戦う、猪木の試合をフィーチャーした番組だった。

元来、日本プロレスは日本テレビで放送されていたのだが、高まる人気に、なんと2局にまたがる放送になったのである。

とはいえ、まったく同じ内容を流すわけにはいかないので、馬場は日本テレビのみの出演に。NET側は猪木を主役とした番組作りとなったのだった。

つまり、支持も存在感も、猪木は馬場と肩を並べたと言っても言い過ぎではなかった。猪木が櫻井に切り出したのは、そんな時だった。

「これ、覚えてますか?」

それは、1枚の古びた紙だった。見出しが見えた。「ファンになぜ迷惑をかけた!」

「あっ……」

驚く櫻井を尻目に、猪木は言った。

「へへっ。ずっと悔しくて、持ってるんです。この借りを返すには、たくさん練習して、良い選手になって、凄い試合をするしかないって……」

櫻井は回顧する。２０１５年、亡くなる2年前、新間寿も同席したインタビューでのことだった。

「そうねえ。日本プロレス時代は、猪木はずっとその紙持ってたね。『俺の発奮材料ですから』と、よく言ってたなあ……」

猪木のジャーマン・スープレックス

１９７４年3月19日、猪木VS.ストロング小林は、予定通り行われた。

小林の肩書には、こうあった。

「東京スポーツ所属」

膨大な違約金を、東スポが肩代わりしたのである。同社所属の選手として出場させたのだ。櫻井の進言があったのは、言うまでもない。

しかし、新日本プロレスですら払えない額の違約金をどうしたのか？

櫻井は語る。

「井上社長がね。『本紙の値上げのきっかけにすればいい。だって、君が言うには、それだけの凄い試合なんだろ?』とね（笑）」

1万3000人が集まった会場は、掛け値なしの札止め。売るための当日券がなくなり、ポスターの切れ端に次々と「1000円」と書き、多数の立ち見客を入れたのは伝説となっている。それでも3000人以上、入れない客がいたというから驚きだ。高い注目度を示すかのように、著名人たちからの花が並ぶ。石原裕次郎、石原慎太郎、小林旭、高橋英樹など。新日本プロレスから言えば外敵だが、小林とて、元は国際プロレスのエース。猪木に負けず劣らずの声援が飛び、太鼓を叩いて応援する者もいたほどだ。

お膳立て十分な舞台に、両者、力のこもった攻防を見せる。特に猪木はケンカ腰。序盤から何度も張り手を見舞う。次第に小林も同じ技で返すが、逆にこちらは空転気味だ。そして、試合開始から19分30秒、決定的な場面が訪れた。

猪木の右ストレートが小林のアゴを撃ち抜く。すると、小林は腰からヘニャリと崩れ、そのままダウンしてしまった。

「……6、7、8、9……」

唐突に幕を閉じるかと思われた10カウント寸前に、試合は動いた。猪木が自ら小林にストンピングを見舞い、そのままヘッドロック、首4の字固めへと繋いだのだ。レフェリーの清美川も、それを止めようとはしなかった。試合はそのまま続いたのだ。後世に残る、プロレスの名勝負として。

そして展開は、小林が逆襲に転じる形で佳境に入る。場外で小林に鉄柱に叩きつけられ、流血する猪木。一気に空気人形のごとく力が抜けた猪木に、ロープ越しのブレーンバスターを見舞う小林。そして、自らのフィニッシュ・ムーブ、カナディアン・バックブリーカーへ。蜂の巣をつついたような小林への声援は、猪木がリバース・スープレックスでそれを返し、バックドロップを挟んだ後、一種の感嘆をも含んだ溜め息へと変わった。29分30秒。鮮やかなジャーマン・スープレックスで決着はついた。

先に述べた、猪木の唱える「プロレス4つの柱」、受身、攻撃、表現力、信頼感の4つの要素が全てギリギリで表現されたこの試合後、勝利者・猪木は、リング上でこんな風に語っている。

「こんな試合を続けていたら、10年持つ選手生命が1年で終わってしまうかもしれない。しかし、それがファンに対しての、我々の義務だと思うんです」

強いか弱いか、どちらがどれだけ技を見せたか、いやそれ以上に観客を満足させ深い感動に浸らせる、稀代の格闘エンターティナーである猪木の真骨頂だった。

再び、プロレス黄金時代

長く、東京スポーツで活躍した櫻井康雄は2017年、永眠。生前、よく、こう言っていた。

「『プロレスなんて、八百長なんじゃないですか』みたいに言う新人もいるわけでしょ？　そういう奴らには、先ず、猪木と新日本プロレスの練習風景を取材させるんです。そうするとね、一発でファンになって帰って来るの（笑）」

猪木VS.小林の翌日は、東京スポーツが値上がりする日（注・20円から30円へ）でもあった。

だが駅のキヨスクで、櫻井は異変を目にする。注目度の高さゆえか、朝刊スポーツ紙がこぞって同戦を1面にしていたのだ。普段、プロレスを扱わないはずのそれらは、極めて意外な伏兵だった。見出しを見た櫻井から、満足そうな笑みが漏れた。

「こりゃ本気だぞ」（サンケイスポーツ）

「一万三千大観衆〝満足〟の三十分」（スポーツニッポン）

半日後に夕刊の東京スポーツが発売。猪木VS.小林を報じる1面には、こんな見出しが躍っている。

「爽やかな幕切れ　プロレス黄金時代…再び」と。

ストロング小林は2021年12月31日、永眠。猪木との大勝負が色褪せぬことは、続く新日本プロレスの隆盛で明らかだろう。

1対3ハンディキャップマッチ

「間隔、空けないで！　間隔、空けないで！」

ソーシャルディスタンスが望まれるコロナ禍では、信じられない言葉が飛び交う。ここは1982年秋の東京。叫んでいるのは警備員で、対象は観客の列である。それにしても、警備上の観点から見るなら、「間隔空けて」が妥当だろう。もちろん、そう出来ない理由があった。

余りにも客が溢れ、沿道に飛び出ていたのだ。テレビ中継でも流されたこの模様は、会場入りのための人々の列であった。

日付は11月4日。場所は蔵前国技館。

大袈裟でなく、最寄りの都営浅草線蔵前駅の改札を出る前から行列が出来ていた。彼らの目当てはただ1つ。その日開催されるビッグマッチに他ならない。前年から展開されていた猪木と「はぐれ国際軍団」ラッシャー木村、アニマル浜口、寺西勇との抗争で、大勝負を迎えようとしていたのである。

だが、信じられぬこともあった。この日の夕方の時点で、まだそのメインイベントの詳細が決まっていなかったのである。ただ、思わせぶりな情報はあった。この日は木曜日だったのだが、先立つ6日前金曜夜8時放送の『ワールドプロレスリング』予告で、次週のカードをこう表記していたのだ。

「スペシャルマッチ　アントニオ猪木VS.ラッシャー木村、アニマル浜口、寺西勇」

更にこの放送時の試合である、猪木、藤波VS.ラッシャー木村、アニマル浜口の終了後のこと。猪木のパフォーマンスに、観客の喚声は更に大きくなった。猪木が左手で1本指を出し、右手では3本指を出して掲げたのだ。

1人で3人を相手にする、この試合の細目を巡り、両サイドは激しく紛糾した。

最初に濃厚とされていたのは、猪木によるシングル3人掛け。先ず寺西と30分1本勝負、次に浜口と45分1本勝負、最後に木村と60分1本勝負を行うというものである。当時の東京スポーツもこの線が濃厚としていたが、徐々に雲行きが変わって行き、1対3の変則タッグマッチとなる。

ただこの時、可能性としてあったのは、

「勝利には猪木は3人全員を倒さなければいけないが、国際軍も、猪木を3回倒さなければならない」

というものだった。

だから、ある意味、フェアな試合ではある。ところが、これでも決まらず。結局、当日の午後5時20分から、両陣営、仲介者を立てての話合いとなった。両者の控室を、関係者が激しく往復する。

午後6時半に大会開始。蔵前国技館入口には『本日札止め』と大書された紙が貼られた。「立ち見席でも入れろ!」と凄む客が後を絶たず、「平身低頭で謝っていた」と、時の営業部長の大塚直樹は懐かしむ。

だがこの時になっても結局、試合形式は決まっていなかったのである。既に猪木、国際間で、3回の協議がなされていた。

いびつな勧善懲悪

ここでしばらく時を遡り、国際軍団との抗争を振り返ってみたい。両軍は前年秋より抗争が幕を開けており、この日までに猪木VS.木村のシングル対決を中心に、さまざまな試合形式で戦いをくり広げた。

前年11月には、選手をリング下に配置し、場外戦を許さない「ランバージャック・デスマッチ」、82年9月には、両者の髪をかける「ヘアーベンドマッチ」。これだけ見ても、完全決着を求める試合形式から、むしろ、互いの体面や名誉をかける形に変わって行ったことがわかるだろう。

両者の抗争は、単なる勝負にとどまらない、観客の感情を刺激するウェットなものであった。それも、一種の異常性を加味した……。

最初の猪木VS.木村の一騎討ちは1981年10月8日。最後は猪木がかけた腕ひしぎ逆十字固めを、木村がロープブレイクしても解かず、反則負け。これだけ見れば、悪いのは猪木である。ところが決着のゴング後、猪木の腕ひしぎを浜口と寺西が外そうと乱入するると、観客はヒートアップ。テレビ画面を通じてもわかるほどの怒号が飛び交った。真っ当な行動にも拘わらず、国際軍は一方的に悪者にされた感があった。

伏線はあった。先ず単純に、彼らが外敵ということもあるだろう。それと、試合展開だ。木村との場外乱闘で猪木が額から流血。憤怒の表情の猪木は、リング上で木村にアームブリーカー。ここでファンは一種のトランス状態に陥った。そこから腕ひしぎに繋げたため、観客の興奮も歯止めがかからなくなっていた。

もう1つ挙げるとすれば、この約2週間前の9月23日。新日本プロレスへの殴り込みにあたり、国際軍団の木村と浜口の2人が田園コロシアムのリング上に初登場した際の顛末も無関係には出来まい。

「こんばんは」

アナウンサーにマイクを向けられた木村の、余りにも有名な第一声だ。振り返る報道では、判で押したかのように「場内は、失笑に包まれた」とされた。

81年10月の初対決に話を戻す。

腕ひしぎ逆十字固めで反則負けを喫した猪木の試合後の第一声が、

「木村が可哀そうだから、挑戦を受けて立った」

このコメントさながら、古舘伊知郎アナによって命名されたという「はぐれ国際軍団」との抗争は、猪木を絶対君主とした様態になって行く。

なお、この試合の『ワールドプロレスリング』視聴率は、この年、初めて20パーセントを超えた（20・5パーセント）。ちなみに、この時点で、視聴率が同年2位だったのが「こんばんは」事件の田園コロシアム大会だった（18・9パーセント）。

約1ヵ月後の11月5日には、「ランバージャック・デスマッチ」による猪木と木村の再戦が早くも実現。ところが、場外へ落ちたら互いのセコンドが選手をリング内に押し戻すルールのはずなのに、猪木が場外に落ちても、誰も戻そうとせず、猪木は場外を悠然と歩き回る。浜口、寺西が詰め寄ろうとし、それを阻止する新日本側のセコンド星野勘太郎には、逆に歓声が起こる始末だった。

結果は猪木の腕ひしぎ逆十字固めで、国際サイドからタオルが投入され、木村がTKO負け。「俺はまだやれるぞ！」と、納得行かぬ判定に暴れる木村に、猪木が顔面への延髄斬り。大歓声が沸き上がった。

この放送の視聴率は、この年最高値の22・2パーセント。「初代タイガーマスクがいた時代は、常に視聴率が20パーセントを超えていた」と、したり顔で語る関係者も多いが、それは思い違いである。

正しくは、「はぐれ国際軍団が現れてから、20パーセントを超え始めた」のだ。もちろん、観客動員にも反映している。

何が人気の理由だったのだろう？

一見すると、わかり易い勧善懲悪の図式なのかも知れない。しかし、その四文字熟語のそもそもの意味である、「善玉が栄え、悪玉が滅びる」となっていたかは、甚だ疑問ではなかったか。

いびつな勧善懲悪――。

それを支える狂信的な熱が、語弊はあるが、一種の共犯的な陶酔感を生み出していたと言えなくもない。そんな時期だった。そしてそれらは翌年、1つの事故を生んだ。

髪切りマッチの余波

1982年9月21日、大阪府立体育会館で、初対決から通算5度目のシングルでの対決が行われた。戦績はここまで意外にも（?）木村の2勝1敗1分け（＊木村の1リングアウト、1反則勝ち、及び1TKO負けと両者リングアウト）。

当時のファンが反則絡みのこの勝敗を重要視していたとは思えないが、今回の一戦は先に言及したように、「ヘアーベンドマッチ」になった。勝ったら相手の髪を刈れることの試合が、単なる1勝以上の価値を持っていたのは事実だった。

ところが開始のゴングが鳴って10分、予期せぬ展開になっていく。

リングサイドにいた元国際プロレスのストロング小林がセコンドの浜口にハサミを渡し、浜口が場外で猪木の髪を、頭頂部を中心にバッサリ刈ってしまったのだ。一方で、試合は直後の11分34秒、猪木が延髄斬りからフォール勝ち。ルール上、木村が坊主になるかと思われたが、国際軍は即座に逃亡する。お詫びとして、当時の営業本部長・新間寿が坊主になったが、そんなことでファンの怒りが収まるわけがなく、場内は暴動寸前になった。

そこに田中秀和リングアナの状況説明がマイクで入る。

「控室は、もぬけの殻です」

髪切りはないですよ、という告知も兼ねていたのかも知れないが、これに一部の観客が激高、暴徒と化し、木村側の控室に突入する。椅子を投げつけ、ドアを破壊し、無人の控室の窓ガラスを割った。新日本はこの修理代で約１００万円を負担したとされるが、これだけではない。

この時期の大阪府立体育会館大会の新日本の常宿は、目の前のホテル南海。これをまた、会場帰りのファンが取り囲んだのだ。その数、１０００人余り。ブレーキがかからぬ激情ぶりだった。

そして、その矛先は、意外な方向にも向けられた。

扉を厳重に閉じておいた猪木側の控室が、強振動で揺れた。ファンが角材等を持ち、強襲。こちらにも突入しようとしていたのだ。果たして、ドアは破られた。多数のファンが、猪木目掛けて突進。その下半身にしがみついた。「身の危険を感じた」という猪木は、近くにあった棒を持って応戦しようとした、その時だ。

猪木は棒を下ろした。猪木にしがみついた彼らは、ただただ泣いていたのだった。

始まった変則タッグマッチ

再び、時を１９８２年11月４日に戻す。

午後７時40分。４度目の協議が終わり、１対３のルールが決定した。

「1対3の変則タッグマッチ。猪木は勝つためには3人を倒さねばならず、国際軍は猪木に1回勝てばよい」

1人で3人を相手にする決着法だった。当時のスポーツ紙報道では、国際軍がこれを要求したとされるが、マッチメイカーによれば、決めたのは猪木自身だったという。

少し考えれば、猪木1人が国際軍団3人をまとめて相手にするという構図そのものが、相手に失礼だろう。いくらなんでも、これはやり過ぎだと言えなくもない。しかし、そんな雰囲気を吹き飛ばすほどのムーブメントを猪木は起こしていたのだ。

「帰れ」コールの中、入場する国際軍。

1度ゴングが鳴れば、国際側がタッチしただけで、怒号が飛ぶ場内。なぜなら猪木が相手をいくら攻め込んでも、タッチすればそこで振り出しに戻ってしまうからだ。

観客の絶望が、さらなる猪木への声援を生む。国際軍のカットプレーには、メインレフェリーの山本小鉄がまさかのアマレス流タックルを炸裂し、これまた沸き上がる大歓声。異常な興奮状態。掛け値なく、エキサイティングな一戦となった。

試合は先ず13分3秒、猪木が腕ひしぎ逆十字固めで寺西を料理。

次いで9分27秒、浜口を延髄斬りで沈め、木村と1対1の対決となる。

だが、さすがに疲労困憊の猪木。ドロップキックを放つが、木村に先に立ち上がられてしまう。逆に木村の攻めがここに来て（傍目に見ても）こすからくなった。ボディスラムをし、フォールに入る。カウント2で返されると、またボディスラムからフォール。また返されると3たびボディスラムをし、フォールへ。

当然ながらキックアウトされると、立ち上がり、「来い来い！」と派手なパフォーマンス。結局試合は、ロープに足がかかり、宙吊り状態となった猪木が4分37秒、リングアウト負けとなった。

珍しく勝利の瞬間、大きくアピールする木村。そこに投げ込まれるトイレットペーパーや、ビールを自席に運ぶための穴の空いた厚紙。大一番のフィナーレで、こずるい悪役ぶりを見せた木村への、観客からの率直な反応だった。

驚くべきことに、翌1983年2月には、同じ形式で再戦がおこなわれた。こちらは木村、寺西を順に下した猪木が、最後は浜口に対してかさにかかって攻めたて、反則負け。

初戦の視聴率は、23・7パーセントで、1982年の『ワールドプロレスリング』視聴率1位（2週に渡って放送された内の前週の数字。なお、2週目は21・5パーセント）。再戦のそれは25・9パーセントで、これは同年はもちろん80年代の同番組視聴率№1で、さらに言えば現在までのプロレス中継で、最後の25パーセント超えを果たした試合となっている。猪木は後年、自分とプロレスについて、こう語っている。

「プロレスラーだけでなく、プロデューサー的役割がありました。会社を興こし、興行師的な側面。すると、自分が勝つことも大事ですが、それ以上に興行を成功させなければならない」（『猪木神話の全真相』）

余話として、不利な1対3マッチの初戦、猪木がその日の入場直前、注射を打っていたことを付記したい。それは、深刻に痛めていた右膝への痛み止めだった。1時間ほどの効果が見込まれたという。

2度の1対3マッチを歴史的なピークとして、国際軍団は浜口が抜ける形で、猪木との抗争から徐々にフェイドアウトしていく。猪木と木村の最後の一騎討ちは、1983年9月21日、大阪府立体育会館で開催された。偶然にも、観衆の騒乱が起きたヘアーベンドマッチの1年後の同じ日、同じ会場だった。

木村はほぼ何も出来ず猪木にKO負け。ハードな受けがたたっての腰痛で、20メートルも歩けぬ状態だったこともあり、これにて両軍の抗争は完全終了した。

ラッシャー木村は2010年5月24日、肺炎で死去。同年の東京スポーツ制定『プロレス大賞』で特別功労賞を受賞し、授賞式には、次男が出席した。するとその肩にそっと手をやり、ねぎらう男の姿があった。他でもない、猪木だった。

先の「プロレス4つの柱」は倒れてはいない。だが、それらが大きく揺さぶられた闘争だった。それは、観客の気持も同様ではなかったか。

第1回IWGP

老舗プロレス専門誌『週刊プロレス』が、その創刊30周年を記念し、「後世に残したい試合」を読者投票で募ったことがあった（2013年）。当然、猪木の試合も2つベスト10内にランクインしている。

1つは愛弟子・藤波辰巳と60分時間切れで引き分けた試合（1988年8月8日）で5位。それを上回る4位の得票を集めたのが、1983年6月2日に行われた猪木VS.ハルク・ホーガンだ。参考までにベスト3は1位から順に、「武藤敬司VS.高田延彦」（1995年10月9日）、「三沢光晴VS.小橋建太」（2003年3月1日）、「小橋建太VS.佐々木健介」（2005年7月18日）。

上位4カードに絞れば、猪木VS.ホーガンのみが、ぶっちぎりで昭和だ。それだけ、未だ忘れ得ない印象を残したということになる。

試合は、現在でも新日本プロレスのタイトルに名を残す、第1回IWGPリーグの決勝戦。それは、1972年3月に旗揚げした同団体における猪木の戦歴の、ピークとなるはずの試合だった。そして、その闘いの相手は、必ずしもホーガンではなかった。

猪木と大物記者の邂逅

「タイトルマッチ2連戦のお知らせ」

新日本プロレス事務所に設けられた記者会見場で、報道陣にそんな紙が配られ、質疑応答に移る。すると、普段見かけない男性記者が声をあげた。

「これ、全く同じカードでのタイトルマッチ2連戦ですけれど……」

知らないわけだ。彼は東京スポーツの記者ではあるが、これが初めてのプロレス取材だった。

「初戦で王者が勝っても、やっぱり2戦目も変わらない顔合わせなんですか?」

1970年代後半のことである。一瞬、気まずい空気が流れた。

「そうです」

会見が終わり、帰ろうとするその記者を、関係者が呼び止めた。

「猪木さんが呼んでます」


プロレス団体とは胸襟を開いた仲とおぼしき東京スポーツだが、トラブルも多い。前田日明は、婚姻や素行を含めた私生活を話題にした記事を事実無根として2001年、裁判まで持ち込み、勝訴している。

三沢光晴は、新日本プロレスの選手について自分が言及した体の紙面に激高。「一言も言ってない!」と、書いた記者と絶交している(1994年)。

新日本プロレス相手に至っては、1972年の旗揚げ1年目からトラブルを起こした。同年10月4日に行われた「世界選手権:カール・ゴッチVS.アントニオ猪木」に、新日本プロレスとしては初めてのテレビ中継がついたのだが(テレビ東京が放送。なお、『ワールドプロレスリング』が新日本プロレスを放送し始めるのは翌1973年の4月より)、この吉報に、東京スポーツが難クセを付けたのだ。それは当日、テレビ解説を務めることになっていた同社の櫻井康雄からの疑義であった。

「ゴッチの持ってるベルトは、オハイオ版AWA王座と言って、ただのローカル・タイトルですよ。それを『世界選手権』と言うのは、いくら何でも無理がある」

すると、新日本プロレスの営業責任者であるIから連絡が来た。Iは力道山のマネージャーを務めたほどの〝お偉いさん〟だ。

「お前、何かイチャモン付けてるらしいな。ちょっと来い」

櫻井が行くと、タイトルのことなどわからぬIはただ、怒るばかり。埒が明かず、猪木を呼んでもらった。すると、猪木の方から切り出した。

「じゃあ、どんな呼び方なら良いんです?」

「う〜ん。一応、(最初の世界王者と言われる)フランク・ゴッチも持っていた王座だし、それを今はカール・ゴッチが持ってるわけだから、〝実力世界一のベルト〟とか……」

猪木の目が光った。

「いいですね、それ！　それで行きましょう！」

話を冒頭の１９７０年代後半に戻す。呼び出され、かしこまる記者に猪木は言った。

「ありがとうございます。あれです。あれでいいんですよ」

「⁉」

「これからも、一般の目で見ることを忘れないで下さい。そうして、これはオカシイなと思うところは、ドンドン指摘して下さいね」

この記者の名は、永島勝司。後に新日本プロレス入りし、渉外担当及び企画宣伝部長というフロントの重責を担った人物である。第１章で見たように、猪木の北朝鮮行きにも随伴している。この時の猪木との出会いを、こう振り返る。

「なんていうか、その姿勢に、もう惚れ惚れしちゃってね」

猪木VS.世間の目

世間の目。それを常に意識したのが、猪木のプロレスだった。最初の自団体である東京プロレス旗揚げ戦のメインイベント、猪木VS.ジョニー・バレンタインで、早くもその萌芽がみられる。

試合形式を、「時間無制限1本勝負」にしたのだ。60分ないし、61分3本（もしくは1本）勝負が常道化していた当時としては、前代未聞の設定。いわば、勝負をつけるのに時間の区切りはナンセンスということだった。

先鋭的な思考は勿論、対戦相手の選別にも及んで行く。

日本プロレスに復帰後、禁忌とされていた団体内日本人対決を提唱。その対象が終生のライバル、ジャイアント馬場だというのも大きかったが、BI砲として最強タッグを組んでいただけに、ファンの方にも「どちらが強いのか」「なぜ日本人同士は戦わないのか」という興味があったのは事実だ。

新日本プロレス旗揚げ以降は、まさに自身が大物日本人対決を実現させる。1974年3月、国際プロレスのエースだったストロング小林を倒し、同年10月、馬場や自分を含めた三羽烏の一角だった大木金太郎にも勝利。「日本人最強は誰か」の関心に応えると、続いては1976年2月より、「最強の格闘技は何か？」とのロマンに挑み始める。

そう、異種格闘技戦路線の邁進だ。

ミュンヘン五輪柔道金メダリスト、ウィリアム・ルスカ戦に始まるこちらは、1980年2月の極真空手家、ウィリー・ウィリアムス戦で一旦終了。16戦13勝3分と、「プロレス最強」を思わせるに充分過ぎる戦績を残した（注・３分はモハメッド・アリ、ジュベール・ペールワン、ウィリー・ウィリアムス）。

そしてこの10ヵ月後の１９８０年12月13日、猪木は衝撃の発表をする。

それまで所属していたＮＷＡ（全米レスリング同盟）からの脱退を宣言したのだ。ＮＷＡと言えば当時のプロレス界最大の組織であり、ＮＷＡ世界ヘビー級王座は、世界最高峰の至宝。そこからのあえての脱退は、もちろん成算あってのことだった。翌１９８１年２月19日、自ら、新たな世界タイトルの創設をぶち上げたのだ。それが「ＩＷＧＰ」である。

「インターナショナル・レスリング・グラン・プリ」の略称である同タイトルの当初のコンセプトは、乱立する世界タイトルの統一、その上での、真の世界王者の決定だった。

誰もが思っていた、あるいは今でも思っている、「あの王者とあの王者は、一体、どちらが強いんだろう」という疑問。加えて、「そもそも何故、こんなにプロレス界にはタイトルが多いのだろう」という訝しさ。

こうした曖昧模糊とした部分に、猪木は極めて早くから疑義を呈していた。東京プロレス旗揚げ12日目には、宮城の柔道専門学校で公開練習をした後、

「タイトルなんて、名ばかりのいい加減な物も多い。それを獲りあげるには、片っ端からやっつけて、統一するしかない」

と過激発言（1966年10月23日）。対抗団体の日本プロレスでジャイアント馬場が持っていたインターナショナルヘビー級選手権への挑戦の意向も繰り返していた。新日本プロレス旗揚げ2年目に、念願のシングル王座を奪取した時も、

「これからはこのベルトを踏み台に、世界のあらゆるベルトを狙って行く。目標は世界統一。リアル・ワールド・チャンピオンを目指します」（1973年12月11日）

この時手にしたベルトは、NWF世界ヘビー級王座。70年代の猪木の代名詞的なタイトルであり、これから防衛を重ねて行くものだったのだが、その第一歩目からこの発言である。既に〝IWGP構想〟を腹案していたのだ。

IWGP創設を明らかにした翌月の1981年3月には、「現在、新日本プロレスにあるヘビー級のベルトの全ての返上、及び封印」を発表。こちらは4月23日に、本当に実行に移された。これからは新たな真の世界一のベルト1本でよいわけだから、当然と言えば当然の措置なのだが、期待は大いに高まった。

前後するが、構想とともに発表された開催予定の規模も空前だった。

先ず、北米、南米、ヨーロッパ、アジア（日本含む）の各地区でリーグ戦をおこない、その代表者を決定。それらが一堂に会しての決勝リーグ戦は、世界各国をサーキットする形で開催。東京↓パキスタン↓スイス↓メキシコ↓カナダと周り、1982年4月にニューヨークのマジソン・スクエア・ガーデン（MSG）で決勝をおこなう計画としていた。未曾有のスケールであるし、「本当に可能なのか？」と思わせる。だが、この青写真の実現も容易だと思えるほど、新日本プロレスは直後より次々と手を打ち、それらが全て成功して行く。

先に触れた、全てのベルトを返上した4月23日には、初代タイガーマスクがデビュー。その約半月後の5月8日の川崎市体育館大会には、何と対抗団体である全日本プロレスのエース外国人である、アブドーラ・ザ・ブッチャーが登場。引き抜いたのだ。それも、「IWGPに参戦を希望する」との本人の発言付きである。さらに9月23日には、はぐれ国際軍団が登場し、抗争を開始。テレビの視聴率もうなぎ登りとなったのは前述の通り。つまりは、プロレス・ブームが起こったのだ。

全会場満員！　新日本プロレス・ブーム

この時期の人気の凄まじさを語る逸話にはこと欠かない。

高視聴率の連発で、『ワールドプロレスリング』はテレビ朝日から特別表彰されたし、1982年の「サマー・ファイト・シリーズ第1弾」は、全19戦、全ての観客動員が「満員」以上をマーク。新日本プロレス・営業本部長の新間寿が、

「プロレス・ブーム？　違う。今は新日本プロレス・ブームです」

と豪語したのも頷ける。そして、それらを支えたのが新しいファン層だった。「なぜか沸騰　プロレス熱」と題された1983年3月17日の朝日新聞夕刊には、こうある。

「観客の半数は小学生から高校生までの少年。ツッパリ風は目につかない」

また「プロレス熱闘」と見出しが打たれた同紙1983年5月29日朝刊記事でも、

「ファンの主力は、少年たちだ。小学生から高校生まで」とある。

〝スーパーアイドル〟、初代タイガーマスクの存在もあったが、この時期、プロレスを見始めた読者も多いのではないだろうか。学校の放課後にかわされるプロレスに関する会話や、教室の後ろで展開されるプロレスごっこ。そうした新たなファンたちは、猪木の姿勢を、図らずも後押しした。

プロレスにこの時期、初めて触れただろう彼らこそが、プロレスの是正すべき点、おかしいと思うところを指摘し始めたのだ。専門誌の投書欄だけでも、こうある。
「両者リングアウト反対!!（中略）このごろでは、試合結果を見なくても、そのカードを見れば『多分これは両者リングアウトだろう』と予想がついてしまうほどだ」（『別冊ゴング』1982年9月号）
「①レフェリーのカウントの速さが非常にあいまいだ。②テレビの画面にも凶器を使う所がアップで映っているにもかかわらず、それが堂々とまかり通っている。③タイトルが乱立していて防衛期間も不定で、すぐリターンマッチに応じるなど、まったく権威というものがない」（『プロレス』1981年5月号）
「どんな人にも、プロレスがいいかげんなスポーツではないということをわからせるのが、市民権への第一歩だと思う」（『プロレス』1981年11月号）
「プロレスが本当に市民権を獲得したと言えるのは、せめて大試合の記事が一般スポーツ紙に取り上げられた時だと思う。現在ではそのような気配は全くない」（『プロレス』1982年1月号）

大反響のシリーズ

こうした新たなファンの不満の声が高まる中、1983年5月6日、福岡スポーツセンターで待望のIWGPが開幕。当初の予定より1年遅れ、結局、日本国内をサーキットしてリーグ戦をおこない、蔵前国技館で優勝戦を争うことになった。

これでは新日本プロレスがそれまでやって来た『MSGリーグ戦』や、全日本プロレスで現在でも続いている『チャンピオン・カーニバル』と同じである。ところが開幕約1ヵ月前の4月7日、福岡大会のチケットが販売される段になると、異変が起こる。購入希望の徹夜組が、100人以上並んだのだ。

その異常な人気を示すかのように、このIWGPシリーズは、6月2日の最終戦まで、1日の休みもなし。全28戦のうちには、大阪から熊本への移動（5月19日→20日）や、茨城から香川へのそれ（5月26日→27日）など。新日本プロレスのリングアナを1980年から26年務めたケロちゃんこと田中秀和（注・現在は芸名も田中ケロに）が、「最も移動が大変だったシリーズ」と振り返るのも無理はない。

プロモーターサイドも、青天井の動員の高まりを感じていたのだ。それは取りもなおさず、ファン側のIWGPに対する、期待の表れだった。言うまでもなく、6月2日、決勝戦の蔵前国技館大会は1万3000人、札止めの観衆で埋まった。

　フロントサイドもぬかりはない。時価1億円と言われるIWGPベルトを制作。優勝者の腰に巻かれるこちらと、トロフィーはもちろん、実は王冠も作成されていた。優勝した暁には、晴れてこちらが頭上を彩るわけだ。猪木悲願の大イベント。先述のように、若干スケールは小さくなったが、全ての準備は整った。あとは、優勝者を待つばかりとなった。以降、プロレスファンならご存じの通り、さまざまな風聞に彩られたこの一戦を、当時の報道や関係者の談話をもとに改めてまとめてみたい。それも、その前日から。つまり6月1日、夜のことだ。

　新宿京王プラザホテル2605号室の電話が鳴った。同ホテルは、新日本プロレスの外国人勢のための常宿であり、同部屋はある選手の定部屋だった。それは、ハルク・ホーガン。翌日のIWGP優勝戦に、進出が決まっていた。フロントからの電話が繋がったということは、電話の掛け手は、そのホテルにホーガンがいることはもちろん、どの部屋にいるかも知っていたことになる。ホーガンが電話を取った。聞き覚えのある声が、それなりにたしなんでいた英語で話し始めた。

「ミスター・ホーガン、明日の試合……」

それは、猪木だった。

衝撃の結末

「アントニオ猪木選手が試合中に倒れ、病院に運ばれました」

6月2日夜10時、テレビ朝日『速報!TVスタジアム』が、一報を伝えた。決勝戦に駒を進めたのは猪木と前述のハルク・ホーガン。午後8時45分にゴングが鳴り、午後9時5分、運命の瞬間が訪れる。

場外から戻ろうとした猪木がエプロンに上がり際、トップロープ越しにホーガンのアックスボンバーを喰らう。落下した猪木は失神したのか、そのまま動かない。だが、猪木の一世一代の晴れ舞台だ。坂口征二や木村健吾が、猪木をエプロンまで必死に押し上げる。しかし、意識が戻らない様子の猪木。

午後9時6分、決着のゴングが鳴らされた。21分27秒、ホーガンのKO勝ちだった。猪木は午後9時16分、駆け付けた救急車に運び込まれ、同44分に新宿区の東京医大病院に搬送された。世に言う、猪木失神「事件」である。ただ、それはまさに世間から見れば、のことだった。

同病院で、早速、精密検査を受ける猪木。時間的には、それが終わった直後である、午後10時33分、２人の男が病院に現れた。のみならず、猪木を診察した医師を呼び出した。その児玉三磨医師に、２人は聞いた。

「事件性はあるんですか？」

新宿警察の刑事だった。それから、「何かあったら連絡下さい」とし、時を置かず、帰って行った。結論として、事件にはならなかった。

この試合前、「何が起こっても、動じるなよ」と猪木自身に言われたという、初代タイガーマスク。猪木の昏倒の瞬間、タイガーはこう叫んでいる。「救急車を呼べ！」次いで、控室の畳を外し始めた。担架の代わりにするつもりだったのだ。結局、救急車の担架で、猪木は失神状態のまま乗せられ運ばれて行くのだが、その先頭にいたのはタイガーマスクだった。

一方、リング上に押し上げられた猪木の診察をしたリングドクター富家孝は、異なる反応を見せていた。猪木の体を触診し、聴診器なども当てるのだが、何度も首をひねっている。新間寿は、後に言う。同日深夜に猪木の病室を覗くと、猪木は猪木でも実弟の猪木啓介の方が寝ていたと。

かつ、その少し前のことだ。当の猪木本人が、ランバンのスポーツタオルで顔を隠しながら東京医大病院の裏口から出て来た。その場にいた何人かの報道陣によると、猪木は直後に、妻・倍賞美津子の運転するマークⅡに拾われ、走り去ったという。

当日のレフェリー、ミスター高橋は2001年刊の著書で、猪木の惨敗への驚きを素直に示しつつ、こんな風に結論付けている。

「後日、これは猪木さんが意外な結末をリアルに演出し、それによってIWGPとホーガンの価値を高めようという仕掛けだったことがわかった。猪木さんは誰にも自分のアイディアを告げずに、完璧に一人芝居をやってのけたのだ」（『流血の魔術 最強の演技』講談社）

この試合、最も近くにいた同レフェリーのこの証言が、今では半ば通説化している。優勝戦の翌日には、猪木に次ぐ新日本プロレス副社長の座にあった坂口征二が失踪。事務所の机に、「人間不信」という書き置きを残していた（注・その後、ハワイで1人、時を過ごしていたという）。とはいえ、こちらの書籍が刊行された7年後、筆者も編集に入った書物では、高橋レフェリーは、こんな言い方をしていた。

「あの猪木さんの『失神』は、事故ではなく演技だったと私は思っている」「私は、この一人芝居――あくまで私の説であるが――をやった猪木さんをある意味では凄いと思う」（『新日本プロレス黄金時代「伝説の40番」完全解明』別冊宝島）

表現が柔らかになっていることにお気づきだろうか？　同レフェリーも、真実として自分が断定することに、ここに来て躊躇があったのである。

実は優勝戦の夜、新宿京王プラザで大規模なパーティーが予定されていた。しかし、猪木の失神KO負けで、新間寿はこれをキャンセル。腹心の大塚直樹に、寂しげに言った。

「大塚、これ、お前にやるよ」

それは本来なら、ホーガンの頭上に載せられているはずの、IWGP優勝者用の王冠だった。この王冠は、大塚の自宅に今でも飾られている。

そう、誰もがこの顚末を予期しなかったということである。

だが、ここまで書いても、足りていないものがある。それは他でもない、当事者の証言だ。猪木とホーガンによる、それである。

客を驚かせ、満足させる

「ミスター・ホーガン、明日の試合……」

試合前日の夜、ホーガンに電話をかけた猪木は、こんな風に続けたという。

「俺はケンカマッチを仕掛けるから」

2014年、来日したホーガンが語った事実である。「だから俺はその言葉に従って、エプロンサイドに立つ猪木におもいきりアックスボンバーを見舞ってやったのさ」（『週刊プレイボーイ』2014年9月1日号）

それゆえこその結末かと思いきや、猪木失神から約5時間半後の6月3日午前2時半、ホーガンは、意外な場所に姿を見せている。東京医大病院だった。猪木を心配し、見舞いに訪れたのだ。だが、面会謝絶で会えなかった。「俺は最初から猪木を病院送りにしてやろうなんて考えていないさ。たまたま当たり所が悪かったんだ」（同前）

結局、ホーガンにとっても真相は闇の中。しかし、ミスター高橋の文言を借りれば、ホーガンを除く周囲に、こういう意識があったことは言えると思う。

「あの日、観客が何を求めていたかと言えば、もちろん猪木さんが勝つことである」

（『新日本プロレス黄金時代「伝説の40番」完全解明』）

しかし市井の興味は、ファンも含めたプロレス関係者の願いとは、全く違っていたようだ。

翌6月3日の朝には、猪木が失神したということのみが報じられていた。それは、多大な波及効果を誇り、今もってプロレスの掲載の少ない、全国紙においてだった。

「猪木が意識不明」（産経新聞）
「〝燃える闘魂〟入院　A・猪木リング外転落」（日本経済新聞）
「アントニオ猪木、救急車騒ぎ」（読売新聞）
「猪木選手〝119番負け〟」（東京新聞）

猪木自身、試合をこう振り返っている。

「前代未聞のアクシデントはテレビのニュース番組や一般紙でも報道された。ファンは俺の敗北にショックを受けたようだ。しかし、こうした結末がプロレスのすごみを伝えることになったのは間違いないと思う」（『週刊大衆』2021年6月7日号）

拙著を見透かしたように、こんな文章も続く。

「この試合については今でも、いろんな人がいろんな解釈をするようだ。関心が高いのはありがたいことだが」

その次だった、初めて猪木がこの試合自体の真意に触れたのは。

「俺は常にプロレスを通して客を満足させたい、そして、できることならアッと言わせたい……そんな気持ちが凝縮した闘いだった」

勝利していれば、驚きには繋がらなかった。同試合がファンに衝撃を与え、今も胸に銘記されているのは確かである。

そしてそれはおそらく、プロレスファン以外にも。

第4章 政界

猪木と政界

「国会に卍固め！」

猪木が1989年夏、初めて国政にチャレンジした時のキャッチフレーズである。ところでこの謳い文句、実は、以下のような続きがある。

「消費税に延髄斬り」

「北方領土問題には腕ひしぎ逆十字」

前年にはリクルート事件があり、「政治とカネ」への関心も高まった、いわば、政治の課題や問題が多い中での転身だったのだ。

猪木は出馬会見で、こう語っている。

「世の中が乱れた時こそ、俺の出番」

こちらは幼少期より、親族から教え込まれた言葉だとのこと（正確には、「お前の出番」だと言い含められていた）。実際、猪木の父・佐次郎は、当時の自由党から横浜の市会議員に立候補している。また、師匠の力道山も政治家転身に色気を見せていて、現に、後の総理大臣である中曽根康弘をその若手議員時代に可愛がり、自身の経営する『リキ・

アパート』に住まわせていたほどである。なお、両者の共鳴点は「首相公選制」。首相を国民投票で選ぶという制度だが、中曽根が標榜していたこのシステムに、当代一の人気者だった力道山が呼応したのはうなずけよう。

とは言えである。力道山は刺傷により、享年38で急逝。佐次郎は、まさに初出馬の遊説中に心筋梗塞で急死。猪木は当時5歳で、この佐次郎の記憶は、ほとんどないという。

要は、生みの親、そして、プロレスラーとしての育ての親の両方が政界入りを夢見ながら、猪木はその薫陶は受けられなかったのである。

にもかかわらず、自身は初出馬で初当選。それは日本における初のプロレスラー議員の誕生であり、今までの既成概念にとらわれない、新たな議員像の出現でもあった。当選直後、猪木は、求める政治家としてのビジョンについてこう語っている。

「リングと客席には距離があるように見えて実は一つにつながっている。政治も、まさにそういうものでなければならないと思うんです。やっぱり人々に期待される、人々を感動させられる政治家像が必要とされてる時代じゃないか」（『週刊現代』1989年8月12日号）

本章では、政治家としての猪木をクローズアップ。当選までの道のり、暴漢からの襲撃事件、そして、イラクにおける人質救出劇の3つを活写する。

スポーツ平和党で出馬

1989年、アントニオ猪木が立ち上げた、『スポーツ平和党』事務所内でのことである。

その選挙用必勝ダルマは、異質だった。

最初から、両目が入れてあったのである。まだ、投票前だというのに。もっと言うなら、公示前ですらあった。

プロレスラーの選挙出馬時におけるトラブルは多い。

ミスター・ポーゴが伊勢崎市議選に出馬した際のポスターは、本名の関川哲夫の読み仮名「せきがわてつお」が「せきかわてつお」となっていたし、髙田延彦が『さわやか新党』で出馬する際は、事前に、トヨタとのCM契約、及び撮影をしていたことが判明。当然、CMの方はご破算となり、違約金を含んだ騒動となった。

猪木は、プロレスラーによる政界進出のパイオニアであるのだが、実はこのスポーツ平和党での出馬の前年、衆議院選挙に出る話があったのである。それも、政党は自民党。

関係者によると、参議院の比例代表では上位を用意出来ないが、衆議院なら東京9区からの出馬を応援するという話だった。当時の衆議院東京9区は、板橋区や北区だ。

選挙区を視察した猪木は、

「自分の言いたいことを訴える場所は、ここだけに留まらない」

と判断。自民党からの出馬は、立ち消えとなった。

だから89年は満を持しての、自らの政党での出馬だったのである。先のダルマ、ひょっとして、両目が印刷された縁起物かと思いきや、そうではない。なんと、猪木自身が最初から入れておくよう、スタッフに指示したのだという。行いをそのまま受け取れば、「勝って当然」「勝ちはもらったようなもの」といったところだろうか。

「世の中が乱れた時こそ、俺の出番」

猪木が出馬理由をこう語ったように、確かにこの1989年は乱世の様相で、参議院議員選挙の比例区には史上最多の40の政党が候補者を立てる〝ミニ政党ブーム〟だった。この年4月からの初の消費税導入、そして、宇野宗佑首相の就任3日目での女性スキャンダル発覚。既述の通り、前年には政治家への贈賄で政界を大きく揺るがしたリクルート事件などなど。

プロレスになぞらえれば、後年の橋本真也の名言宜しく、猪木出馬の「時は来た！」感があったのである。だが、その両目のダルマがささいな驕りであったと思えるほど、スポーツ平和党の現実の選挙活動自体は乱れ、難航した。

幻に終わった選挙ポスター

選挙活動が幕開けとなる公示日は7月5日。その前の、5月25日、猪木は大阪城ホール大会のメインを張っていた。

ここでソ連の柔道家、ショータ・チョチョシビリを撃破。同選手とは1ヵ月前、業界初の東京ドーム大会のメインで対戦しているが、この時は猪木にとって異種格闘技戦初の黒星を喫していた。いわば念願のリベンジを果たしたわけだが、この勝利の直後、控室で秘書のような役割をしていた実兄の猪木快守に告げた。

「天の声だ。出馬を考えてみる」

とは言え、公示まで1ヵ月半しかないし、当の猪木は多忙の中にある。6月4日には、大晦日に予定されているソ連での興行の折衝のため、同地に飛んでしまった。10日に帰国した猪木は驚く。既に一部紙誌で、出馬がスッパ抜かれていたのだ。急いで15日に会見、20日には事務所開き。

最初に作った政党用のポスターは、イノシシと巨木をアニメタッチで可愛らしくデザインしたものだったが、公職選挙法に引っかかり、NG。この表現ですら、

「猪木の個人名を彷彿とさせる」

というのである。極めて想像力が豊かでないと、その想起は難しいと思うのだが……。

公示日以降も、苦杯の連続だった。

猪木が有名人ゆえに、ここぞとばかりに自分の贔屓の場所に連れて行きたがる後援者が後を絶たなかったのだ。肝心なのは、より多くの人に自分の意見を伝えることなのにである。選挙活動中の7月13日、静岡県伊東沖で海底火山が噴火する被害が発生すると、さっそく伊東市役所に出向き、１００万円の寄付金を手渡す。なんとも〝らしい〟行動力を見せたが、この行為自体が公職選挙法違反なのだった。その日の夜、気づいた同市役所の職員が、東京にあるスポーツ平和党事務所まで寄付金を返しに来た。

また、公示前の出来事ではあるが『スポーツ愛好党』なる政党が出るという情報もあり、一時は、政党名を『スポーツ党』に簡略化する案も出た。この際猪木が、

「スポーツを通じて平和を呼び起こすことこそ、俺の夢であり使命。この名前で負ける

なら本望」

としたのは語り草となっている。そうまでして守った党名にもかかわらず、実は出馬前、ある政治家に、猪木はこう言われていた。

「おい、猪木！　政治とスポーツは別なんだよ！」

90万人と握手

確かにそうだった。選挙は初めてで、地盤はない。選挙費用もない。通常なら平均で5億円ほどかかるところが、「1億6000万くらい」（関係者談）しかかからなかったというが、安上がりと言えば聞こえは良いものの、要するに金もなかったのだ。

よって猪木が採ったプランは、地道な対面戦術。その名も「100万人と握手作戦」。字面そのまま、100万人の有権者との握手を目指した。ところが、公示からまだ4日しか経っていない7月9日の沖縄遊説中、あの猪木から意外な言葉が出た。

「痛っ！」

右手が腫れ上がっていた。握手のし過ぎで、リングでは痛めたことのない利き手を痛めたのだ。以降、一時的に左手で握手せざるをえなくなる猪木。歩行での移動が大前提になるため、意外にも体重が邪魔をし、足腰が悲鳴を上げる。猛暑もあり、疲労も避けられない。握手は結局、90万人を少し超えるにとどまった。

先に触れたが、父の佐次郎は選挙の遊説中に、心筋梗塞で急死していた。猪木自身は苦闘しつつ、投票前日の7月22日、東京駅での最後の街頭演説で、涙を見せた。「90万人の人と握手をしました。そしてその痛みを、自分の肌で感じて参りました。痛みを知らない政治家が、どうして市民の声を聞くことが出来ますか？（涙を見せ、震える声で）頑張って参ります。心の底から、日本を思っております！」

猪木ファンには有名なシーンである。また、この選挙活動を振り返るテレビ映像では、ほぼ必ず流される1コマでもある。だがしかし、猪木が遊説中、涙を見せたのは、実はこれが2回目だった。

7月19日。猪木は大阪で、この選挙戦、唯一のパフォーマンスをした。大阪の事務所の前でリングを組み、先ずは馳浩扮するマスクマン「リクルート・カモメ」と対決（注・カモメは当時のリクルートの社章に用いられていた）。これを卍固めで一蹴すると、続いて登場の人形「ワル・ザ・消費税」には延髄斬り。人形の首は、ポーンと空中に舞い上がり、聴衆がそれをキャッチ。大盛り上がりとなった。

この日は、猪木が涙を見せた最後の街頭演説の3日前。地味な握手活動の傍ら、大きくアピールする場が必要と考えた事務所考案の緊急措置だった。幸い、テレビ局なども取材に訪れ、まさに今回の選挙の2大争点を相手にした猪木の姿を収録。最後はリング上で、その意気込みを問うインタビューとなった。

しかし、猪木の口から出たのは、意外な言葉だった。

「消費税やリクルート。日本の全部が、そこに視線を取られていてはダメだと思うんです。もっと大きな視野で、世界と日本を見なければ……」

瞬間、猪木の目から一筋の涙が流れたのを、隣にいたリングアナの田中秀和は見逃さなかったという。実際、猪木は一瞬、声を詰まらせた後、言った。

「本日はありがとうございました……！」

政治とスポーツは別？

18日間に亘る選挙活動を終え、7月23日、いよいよ投票日を迎えた。

同日午後6時からは開票&集計作業となったが、足踏みが続いたのは知られるところだ。実は投票用紙に『スポーツ平和党』ではなく、『アントニオ猪木』と書かれた無効票が、ごまんとあったのだという。

翌24日午後2時、民放からの速報で一旦当確が流れ、ざわめくが、「NHKで出るまで、油断出来ない」と待っていると、民放の当確はそのうち消されてしまった。開票から既に1日近くが経過していた。

関係者が声をかける。

「猪木さん、そろそろ延髄斬りを炸裂させて下さいよ」

猪木は屈託なく応じた。

「いやあ、回転エビ固めくらいで（笑）」

午後5時8分。正式な当確が出された。50議席中48番目の滑り込み当選だった。

「1人でも多くの人と握手して、体で猪木を理解してもらうだけだった」

と、選挙活動を振り返った猪木。

「政治は国民の声を聴いていない。プロレスがファンの気持ちを無視しては試合にならないのと一緒で、私は1人でも多くの人の切実な声を聞いて政治活動に生かしたい」

そして後日、両目のダルマの理由についても、こう語った。

「勝ったとか、負けたとか、最初からそういうことに自分がこだわっているようでは、真の人助けは出来ないと思ったんです。もっと大きな気持ちで臨まないと」

「おい、猪木！　政治とスポーツは別なんだよ！」

先述した政治家の言葉を、猪木がYouTubeで明かしたのは2021年7月19日。2度目の東京五輪が開幕する4日前のことであった。そして、アイロニカルに、こう続けた。

「なんてことはない。今まさに政治がスポーツを利用しまくっているという（苦笑）」

講演中の惨劇

人は、いまわの際に、本心が出るという。

急死した橋本真也の最期の言葉は、当時、同居していた人物によれば、

「俺、このままじゃ終わらないから」

癌で永眠した冬木弘道はその2日前、付け人も務め、長く共に闘って来た兄貴分の天龍源一郎の見舞いを受け、その天龍が帰ろうとすると、こう言った。

「送りますから」

病床で体中に管のついた状態で、立ち上がろうとしたのである。

ザ・ファンクスこと、ドリー・ファンク・ジュニアとテリー・ファンクの父親で、自らもレスラーだったドリー・ファンク・シニアは54歳の時、

「まだまだ若いもんには負けけん」

と、パーティーの余興でレスリングを披露。直後に心臓発作を起こし、急逝。悲劇的ながら、プロレスラーらしい最期として、今に語り継がれている。

知られるように、ブルーザー・ブロディは参戦した団体のオーナーも務めていたプロレスラーに、ナイフで刺殺された。試合や自らの扱いを含め、対外的にはエゴイストともされたブロディ。亡くなる間際の言葉は、

「ワイフを頼む」

このブロディの死を受けて、猪木はコメントした。

「死というものは、全てをゼロにしてしまうからなぁ……」

その猪木も、刺傷され、ともすれば落命の手前まで行ったことがあった。

瀕死の闘魂

惨事が起こったのは、1989年10月14日の福島県営会津体育館。

猪木は、この日、午後7時ごろからの出番で黒のショートタイツのコスチュームではなく、スーツ姿だった。

3ヵ月前に参議院議員に当選した猪木は、ここで催された「民社党　滝沢幸助氏を励ます会」にゲスト出演。講演のための時間も約10分取られ、登壇していたのだ。スピーチが始まってから5分後、舞台下手から男が現れ、猪木に突進。刃渡り20センチの果物ナイフを持っており、猪木の後頭部を左背後から切りつけたのである。

猪木は左耳の上部と耳の後ろを刺傷。特に、耳の後ろには長さ6センチ、深さ2センチの傷を負い、10針を縫う大怪我を負った。全治は10日間から2週間とされた。襲撃者は関係者に取り押さえられ、その場で逮捕された。精神病院に通院歴のある39歳の男で、

「若いもんが昔、猪木の仲間にやられた」

などと要領を得ない襲撃理由を繰り返した。直後の現場には、髪の毛が散乱していた。襲われた猪木のものであり、状況の凄まじさを物語る。ところが、当時の聴衆からは、こんなコメントも残る。

「最初は、そういう出し物なのかと思った」（猪木本人も事情聴取に「アトラクションなのかと思った」と陳述）

この聴衆のリアクションこそが、誰もが知る有名プロレスラーの一種の定めなのかと思いきや、その原因は、他のところにもあったようだ。

猪木は傷を負った状態で、それでもその後、3分間、話し続けたのである。

「来ているお客さんを、驚かせてはいけないと思った」

との猪木の述懐もあるが、並の精神力ではない。人はいまわの際に……とは前に述べたが、猪木は3分間、「ボーッとして、何を話したか、覚えてない」という。

無理もない。白いYシャツは鮮血で徐々に深紅に。猪木が運び込まれ、緊急手術をした竹田綜合病院の医師は、

「もう数センチずれていたら、頸動脈が切られていて、命の保証はなかった」

と語ったほどだった。

しかし、である。猪木は翌朝、公衆の面前に現れた。

それも都内であり、集まった人数は約1000人。集まりを知らせる掲示にはこうあった。「留学生オリンピック」。世界各国から来た外国人留学生を中心に、スポーツ等を

通して彼らと親睦を図るというイベントだった。

「日本の生活で困ったことはないか」等、もろもろを相談出来るブースも用意された。都立夢の島公園陸上競技場で行われたこの催しの実行委員長が猪木だった。猪木が国政に携わってから初めての、自らが音頭を取った企画だったのだ。

「一緒に体を動かしたかったんですが……。手を握り合い、頑張りましょう」

挨拶を終えると、東京逓信病院に直行。そのまま入院した。つまり、容態は最悪だったのである。にもかかわらずの、少々誇大に言えば決死の式辞の敢行。

だが、猪木のそれまでの来歴を知っていれば、無理からぬものがあった。それは、青少年教育という部分においてである。

知られざる数々の活動

「グランオフィシャル勲章」

猪木が第二の故郷、ブラジルはサンパウロ法科大学から受けた勲章である。

日本で言えば東京大学法学部レベルの同校に、奨学金制度を作ったためであった。それは、まだ新日本プロレス旗揚げ3年目の1974年12月20日（授章式）のこと。同時期に新日本がおこなったブラジル遠征が盛況に終わり、資金のメドが付いたことも大きいが、日本では吉田茂元首相など、僅かな人物しか得ていない勲章だ。逆に言えば、この方面での猪木の意識の高さを物語る。

1976年には、「日伯交換留学生奨学資金制度」を発表し、これを募集。高卒以上、24歳までの男女を対象にした奨学金制度で、内容は、1977年4月から1978年3月まで、商業、農業、スポーツ、文化の4部門各2人に、日本とブラジル間の往復運賃と生活費を援助するというものだった。

日本国内における展開も忘れてはいなかった。1978年には「青少年育成スポーツセンター」なる機関の設立計画が明らかになったのだが、哀しい形での発覚だった。もともとこちらの施設の準備資金として用意していた2億1000万円が、税理士によって使い込まれていたという報道から露見したのだ。

しかし、猪木はめげない。

1980年には、自前で「青葉インターナショナル・スクール」を設立する。

現在は他人に権利を譲渡しているが、開校のきっかけが、何ともふるっていた。娘の寛子を、既に国内にあった、あるインターナショナル・スクールに入れようとしたところ、返って来た答えは、「日本人は不可」。趣旨とは名ばかりの間口の狭さに反発し、「なら、自分で作ってしまえ」となったのだという。

当然、ベクトルはプロレスにも向いた。

「新日本プロレス学校」は1988年4月に開校。あくまで新日本プロレスの道場を一時開放し、希望者と一緒にトレーニングする形だったが、天山広吉や西村修、ザ・グレート・サスケらがここを出自とすることは、ファンなら知るところだろう。

開校は特に猪木の先導というわけでもなく、新日本プロレスの総意であり、校長も山本小鉄だったが、入学希望者には、やはり猪木ファンが続出した。

女性ライター・Sさんがその模様を取材したのは、評判が評判を呼び、運営も軌道に乗った1988年初夏のことだった。地方在住で、道場に通えないプロレスラー志望の若者たちのため、1日体験入門のクラスが開かれたのだ。

新日本の道場は、東急電鉄大井町線等々力駅から、緑深きというより、もはや鬱蒼と草木が生い茂る等々力渓谷を歩いて20分以上の場所にある（現在でも）。前田日明は、「駅前の巨大なビルが道場かと思ったら、そこから随分歩いた、普通の民家だったからビックリした」

と語るし、高田延彦は、その場所のわかりにくさもあり、入門テストに遅刻している。ところが、その体験入門の日になると、来るわ来るわ、見るからに日々鍛錬している体軀の若人たち。浜松、長野、果ては北海道、九州から……。

Sさんの記憶では、夏休みでもあるためか、高校生が圧倒的に多かったという。

「地元のジムに毎日通ってます」

「制服の袖が、(鍛え上げた筋肉で)パリパリ破けちゃうんです」

と、照れながら語る。当時の新日本プロレスは、前田や高田らのUWF勢が抜け、長州力は前年に出戻りし、敵対勢力のイメージがあった。更には武藤敬司、蝶野正洋、橋本真也の闘魂三銃士はワンマッチ帰国などはあっても、基本は海外修業の最中で、まだまだ全くのブレイク前。やはり、猪木ファンが多勢を占めていた。

「猪木さんを、尊敬してます!」

「猪木さんに付いていけば、間違いないなって……」

「猪木さんのような男になりたい」

若さもあるが、Sさんはそう口々に言う彼らのピュアな瞳に、「若干、気圧されるほど」だったと振り返る。

「いまどき、こんなに真っ直ぐな子たちもいるのかって思った」

猪木自身が、人生を決めたプロレス入りを果たしたのも17歳のとき。もちろん、その前段には、猪木に憧れた彼らと同じ、若き意欲と修練があった。

「遅刻のプロの、猪木くん」

小学生の頃、猪木に届いた年賀状の文面には「遅刻のプロの、猪木くん」とあった。神奈川県横浜市に11人兄弟の6男として生まれた猪木は、学校に行くこと自体が、既に好きではなかったという。

「勉強がきらいでね、まず第一に。そうかといって悪いことをするわけじゃなくて……。抵抗も何も、別にやりたくないしね」（朝日新聞1982年11月25日付）

気が進まないので、トボトボ歩いて登校すると、授業は大抵、2時間目になっていた。つまりは、毎日のように遅刻していたのだ。

雨の日には自分で勝手に、「今日は休日」と決めていたというから筋金入りである。喧嘩は嫌いだったというが、体は大きく、小学校高学年時には、イジメっ子をやっつけたこともあった。

「朝鮮部落の女の子が、いじめられているところを目撃してしまった。（中略）それでそのいじめっ子たちを待ち伏せして、大喧嘩し、やっつけたのである。その当時の私は差別という言葉の意味も深くは知らない。ただ弱い者いじめが大嫌いだっただけだ」

（『アントニオ猪木自伝』）

中学1年生時には、入部したバスケ部の先輩からボールを顔面にぶつけられ、こちらを打ちのめした。理不尽に対する反発と同時に、エネルギーの持て余しもあったと本人は正直に語る。道が拓けたのは、陸上部の顧問だったK先生からの誘いだった。

「砲丸投げ、やってみないか？」

腕力には自信があったため、バスケ部を辞め、飛びついた。ところが――。

記念すべき一投目、砲丸は足元に落ちていた。全く飛ばなかったのである。「なぜ飛ばないのだろう？」と考え、足腰を使って投げることを覚えた。

学校（横浜市立寺尾中学校）からは富士山が見えた。その富士山に向け、砲丸を投げる。体を使えば使うほど、鍛えれば鍛えるほど、距離は延びて行き、富士山へ近づいた。中学2年生時には、横浜市の中学生を対象とした陸上大会で優勝。同年の3学期には、家族でブラジルに渡ることになり、そちらで想像を絶する労働上の苦労を強いられることになるが、土地が変われど、スポーツは万国共通だ。陸上競技が夢を繋いだ。

全ブラジル選手権大会で、砲丸投げ、円盤投げで優勝。しかも後者は当時の新記録を叩きだし、地元紙に掲載された。ブラジル遠征中の力道山に知られるところとなり、日本プロレスにスカウトされる運びとなったのである。

「打ち込めることが自信につながる」

「劣等感から脱却することが希望につながっていく」

1991年3月に行われた、猪木の講演会での言葉である。長野県諏訪市の社会奉仕団体が主催した青少年育成事業の一環で、同市内の4つの中学校から、その3年生、約500人が集まり、耳を傾けた。

旗揚げ当時は、すぐ潰れると言われた新日本プロレス創立から、19年が経っていた。そして、その「創業の精神」には、こうある。

「我が社は強靱な体と磨き抜かれた技と豊かな感性と社会人としての心構えを持ったプロレスラーを育成しその活動を通じて健全なスポーツとしてのプロレスリングの市民権を確立発展させることによって社会に貢献することを目指す」

スポーツを通じての人間形成

話を新日本プロレス学校に戻す。１日体験入門が終わり、Ｓさんはその帰路、等々力駅の喫茶店で、レスラー志望の前出の若者たちと歓談した。ふと、取材ノートを道場に忘れたことに気付いた。「しまったな。取りに戻らなきゃ」と言ったその時だ。目の前に座っていた、浜松から来た高校生が、口ごもりながら言った。

「……ご、ごめんなさい……」

「えっ⁉」

どちらかと言うと、アンコ体型にも見えるほどの巨体を有した丸顔の若者は続けた。

「帰りの電車の時間があって……一緒に戻れない。知らない土地で、女の人を１人で帰すのは良くないってわかってるんだけど……」

Ｓさんは、二の句が継げなかった。

「どうか十分に気をつけて、戻って下さいね」

「若い子の取材は随分したけどさ。もう30過ぎのオバサンよ。そんなこと言われたのは、初めてだったわ」Ｓさんは懐かしそうに振り返る。

「〝猪木〟って聞くとさ、先ずその時のことが、頭に浮かぶのよね」

壇上で刺傷され、それでも3分間話し続けた猪木。本人が覚えていないその内容を、当時の聴衆から伺うことが出来た。

「スポーツを通じて、健全な青少年の育成を……」

「スポーツ交流を通じて、世界に平和を……」

と、繰り返していたという。

「孤独な闘い」イラクの人質解放

『こころ　夏目漱石』

そう表紙にある本を、猪木が手に取ったのは、1990年9月21日のことだった。猪木がいたのは、イラクの首都、バグダッドだった。

「思った以上に日本の文化が流入していた」

というイラクに猪木が入ったのは、9月18日のことだった。きっかけは同月の初め、中国で初のプロレス興行をおこなったことであった。在北京のイラク大使館員に、こう言われたのである。

「猪木さん、イラクに行ってみませんか？　現地と連絡も取れます」

猪木は前年7月に参議院議員に当選する以前から、プロレスラーとしてのコネクションから、既に海外には太いパイプがあった。当選直後にはソ連から祝電が届き、僅か４ヵ月後の11月27日には、キューバのカストロ首相と現地で会談。日本の政治家で接触出来た人物は皆無なだけに、これには時の海部俊樹首相も驚き、猪木が帰国すると、

「凄いね。本当にカストロに会ったの？　ねぇ、どんな人だった？」

と聞いてきたほどだった。ちなみにカストロには、こんなことを言われたという。

「あなたはリング。私は革命。共に闘うもの同士だね」

そんな猪木の行動力を、北京のイラク大使館員も知っていたのだろう。

だが、猪木はリング外の強大な敵に巻き込まれて行く。

当時のイラクには、１４１人の日本人男性が、人質として捕われていたのだ。猪木の政治活動のハイライトといえば、イラクでの人質解放を巡るドラマ。各種報道、関係者談話をもとに、史実を紐解きたい。

いざという時は、自分が代わりに

1990年8月2日、イラクが隣国クウェートに侵攻し、強引に併合したことに端を発した、いわゆる〝湾岸危機〟。世界各国からの非難と制裁を恐れたイラクは、自国やクウェートにいた外国人たちを人質として確保した。うち、女性や子供は9月2日に解放されたものの、男性はそのまま拘束されていたのだった。

猪木は前出の助言を受け、早速動く。

9月10日、日本のイラク大使館に入国要望書を提出。15日未明にビザが発給される。その夜のことだ。

「東京・港区の『全日空ホテル』で自分と秘書ら7人で〝お別れパーティー〟を開いたんです。臨戦下のイラクのこと、生きて帰れないかもしれないし、自分が人質の身代わりになる覚悟だった」（『週刊アサヒ芸能』1990年10月11日号）

パスポートは議員用の緑色ではなく、一般人用の赤色だった。外務省から猪木のイラクへの渡航許可は下りなかったのだ。

イラクに渡った猪木に対し国内、主に政界から、猛烈なバッシングが起こる。

「明らかな売名行為」

「スタンドプレー」

「ルール違反」

猪木事務所のスタッフはこう返した。

「売名って……今さら、名前を売らなきゃいけないような人でもないと思うんですが」

18日にバグダッドに着くと、現地駐在の片倉邦雄大使が待っており、猪木に紙を差し出した。見ると16人の名前が書いてある。

「（人質の中の）高齢者や持病を持つ人のリストです」

片倉大使は言った。

「一刻も早く、出国させてあげたい。猪木さん、なんとかして下さい！」

同大使の紹介で、夜、現地の日本人会によるパーティーが催されたが、猪木の回想によれば、こちらも、宴とは名ばかりの空気だった。

「話は、なんとか事態をよい方向へ持っていくための行動を起こしてほしいということばかり。『日本からの支援物資は医薬品や衣料品ばかりで、肝心の食料が届いていない。味噌や醤油がどうしても必要』」（『週刊現代』１９９０年10月13日号）

猪木自身も日本政府の対応に疑義を呈する。

「在留邦人が海部首相に宛てた二通の要請書に対して、返事さえ出していないのはいったいどういうわけなのだろうか」（同前）

翌朝6時より、猪木はバグダッド市内を走り始めた。

毎朝1時間のランニングはプロレスラーになってからのルーティン。とはいえ、道には角ごとに、銃を持った兵士。宿泊先のラシードホテルのドアや壁には盗聴器が仕掛けられていて、明らかに安全とは言えぬ滞在かつ、ランニングだった。

だが2日、3日と走り続けると、街の反応が変わって来た。銃を持った兵士たちから声をかけて来るようになり、車はわざわざ停まり、クラクションを鳴らした。歓迎の意味だと、現地の駐在員に聞いた。

それでなくてもイスラム社会での猪木の知名度は抜群だ。モハメッド・アリと闘っただけでなく、アクラム戦後、「ペールワン」の称号を与えられたのは第1章で見た通りである。

「人間の心を忘れた奴は、ぶっ殺してやる」

バグダッドの書店で『こころ』を見つけたのは滞在4日目だった。

2日目は国民議会の議長であるサレハに会い、先述の16名の名簿を提出し、便宜を打診。3日目はサダム・フセインの長男であるウダイ・フセインイラク五輪委員会委員長と会談。いずれも人質の解放に向けて談判したが、前進に繋がる具体的な返事はなかった。

4日目は休日だった。『こころ』は表紙こそ日本語だが、中はもちろんアラビア語。店内でレスリング関係の本も見つけた。レスリングの盛んな中東ならではである。その2つをレジに出した。すると、店主は言った。

「『金はいらないよ。それより、コーヒーを飲まないか』と勧めてくれた。そして、バグダッドからの帰途の際、イラクの国会議員の一人が、私の耳もとにそっとこう言ってくれた。『あなたが解放を要求した16人の日本人は、各地に分散しているので、それぞれの地方から、解放するためにいま、呼び集めている最中です』」（同前）

日本国内では多国籍軍への支援をどうするのか、自衛隊を現地へ派遣するのかどうかという議論をしているだけで、現地の内情はまったく伝わっていない。猪木の胸中に、自分が動かねばという思いが去来したことは想像に難くない。

25日に帰国した猪木は、翌月には、再びイラクに飛んでいた。

同国でプロレスやサッカーや音楽のライブを含めたイベント「平和の祭典」を企画、その折衝のためだった。自らが出馬にあたり興した政党、スポーツ平和党の理念である〝スポーツを通じての世界平和〟を、地で行こうとしていた。

意外にもイラク側がこれを受け入れ、開催は12月2日、3日と決定。出演するミュージシャン、及び、猪木が会長を務めていた新日本プロレスの選手たちの顔ぶれが徐々に決まって行ったが、イラクの国情が国情だけに、その数は多かったとは言えない。

だが一方で、参加にこぞって手を挙げた女性らがいた。人質の妻たちだった。

「危険だ」「命の保証も出来ない」と猪木が言っても無駄だった。

「待つだけは疲れた」

「自分たちの力で、何とかしたい」

という声ばかりか、

「子供と行かせて下さい」

と懇願する者までいた。理由を問うと、

「生後10ヵ月の娘が歩けるようになったんです。それを一目でも、夫に見せたい……」

ここまで切迫した状況にあっても、政界の反応は極端なほど冷たかったのである。新たな背景もあった。

最初のイラク行きから帰国した9月25日、成田空港に駆け付けた報道陣を前に、猪木が珍しく、声を荒らげたのだ。

「人間の心を忘れた奴は、総理だろうが誰だろうが、ぶっ殺してやる！　政治家なら命を賭けて現場に行って、イラクと話し合えよ！　日本国内で無責任な発言をするな！　現地にいる人がどれだけ不安だと思ってるんだ！」

現地日本人会の要請書2通を報道陣に公開した上で、改めて、海部首相に渡すとした。要請書に書かれた日付は、それを強調こそしなかったが、9月4日と6日。これでは首相の面子は丸潰れである。政府の公式な協力など、望むべくもなかった。

イラク行きに関し国内（というより政界）から上がっていた「スタンドプレー」「ルール違反」という批判についての質問が報道陣から飛んだ。猪木は答えた。

「愛する人を取り戻すのに、ルールなんてあるかよ」

自伝内でもこう振り返っている。

「国も役所も会社も何もしてくれない。だったら自分たちが夫を連れ戻す、と彼女たちは決意していた。それには危険が伴う。彼女たちはそれでも行くと言う。彼女たちの勇気が、私に火をつけた」(『アントニオ猪木自伝』)

フセインに手紙を書く

猪木を始めとする「平和の祭典」一行は、スタッフや出場者、及び報道記者らに、妻や子ら人質の家族46名を合わせた174人の大所帯となり、12月1日、バグダッドに到着。運んだのは、猪木が個人的に手配した、トルコ航空のチャーター機だった。

政府の要人を通じて内諾を得ていた全日空も日航も、なぜか直前で「機種がないので」と断って来たのだった。

翌12月2日には、権力者、ウダイ・フセイン五輪委員会委員長に国際会議場で謁見した。ここで妻たちが行動に出た。ウダイ・フセインの首に、贈り物として首飾りをかけたのだ。それは折り紙の鶴。千羽鶴だった。その由来が書かれた手紙も、同時にウダイに渡された。日本から持って来た大量の粉ミルクも寄付した。

その後、イラク婦人総同盟との交歓会がおこなわれたが、ケータリングで出た同国の名産、ナツメとヨーグルトを口にした日本人妻に、別の日本人妻が泣きそうな顔で言う。

「お願い。彼らの前で、不味そうな顔はしないで……！」

現地の戦没者の碑に墓参りもさせられたが、バグダッド空港に到着した際は、政府の大型バスが出迎え、「平和の祭典」のポスター制作も政府が負担するなど、好感触のはずだった。だが、千羽鶴はそのまま、会議場の机に置き去りにされた。

12月2日の夜より、「平和の祭典」が開始。先ずアル・シャープ・スタジアムでイラクの高校生チームVS.日米混合チームのサッカーの親善試合がおこなわれ、何とイラク国内から約3万5000人が集まった。続いてナショナルシアターでコンサート。この模様はイラク全土にテレビ中継されていたが、会場も超満員だった。日本の歌い手だけでなく、大会の趣旨に賛同した諸外国のミュージシャンも参加。アメリカの歌手、クリスティーヌが「サラーム」と挨拶すると、聴衆も同じ言葉で応えた。涙を流すクリスティーヌ。「サラーム」とは、アラビア語で「平和」の意味もあった。

2日目はサダム・アリーナで空手のトーナメントとプロレスの試合。こちらもイラクの人々を中心にほぼ満員の中、長州力、マサ斎藤VS.馳浩、佐々木健介の試合などがおこなわれ、最後は選手が、日本から持って来た大きな日の丸を客席に向けて掲げた。白地には、日本で募った数々の激励のメッセージがマジックで書いてあった。このイベントのみ、人質らも外出が許され、2階席で観戦していた。なかには涙ぐむ家族らもいた。

猪木は試合に出なかった。

実は、痛風の持病が出て、満足に歩けない状態だったのだ。それに、試合終了後には、最大の使命が残っていた。ウダイ・フセインに「平和の祭典」の成功を報告、その上で人質の解放を訴えるのである。翌12月4日、午前11時に帰国の飛行機に乗る予定だった猪木、及び人質の家族。ラストチャンスだった。

歩行困難な猪木に、日本人会の野崎和夫とアメリカのクリスティーヌが付き添ってくれた。

だが、イベントの成功を報告する猪木を見ても、ウダイはなぜか、神妙に黙っているだけだった。見かねた野崎が、言葉を添える。

「猪木さんはこれだけのことをした。猪木さんがどうして欲しいのか、あなたもわかってるはずです」

ウダイがようやく口を開いた。

「では、(サダム・フセイン) 大統領宛てに、手紙を書きなさい」

「て、手紙⁉」

明日の昼前に飛行機に乗ることはもう伝えたはずだ。猪木は訴えた。

「それより、直接会わせて下さい。大統領に！」

大逆転はならなかった。ウダイはそのまま、席を立ったのだ。

夜半、日本大使館主催のパーティーに顔を見せた猪木。だが、もう何度目だろう。またしても鬱々とした宴席だった。深夜、ホテルに帰り着くと、猪木を出迎える見知らぬイラク人がいた。

「手紙を受け取りに来たのですが……」

まさかの展開だった。関係者の協力のもと、急いでサダム・フセイン宛ての手紙をしたためる。すると、使いの者が横に立ち、言う。

「ここの表現は、もっと柔らかくした方がいいです」

「その辺りはもっと、具体的に」

男は、サダム・フセイン直属の秘書兼通訳だった。もちろん、ウダイ・フセインが遣わしたのだ。書き終わったのが午前4時。帰りの飛行機が飛び立つまであと7時間しかない。

何の反応もないまま飛行場に向かい、チェックインする。他のスタッフたちに言われた。

「猪木さん、残留する覚悟の奥さんたちがいます」

「……」

「もし猪木さんに今、帰られると、精神的支柱もなくなってしまいます」

この時の模様は動画で残っているが、涙を流す猪木を捉えている。その時だった。イラク関係者の伝言が届いたのは。

「残った方がいい」

イラク五輪委員会副委員長のアリ・トルーキーの言葉だった。イベント関係者と数人の人質の家族だけを乗せた飛行機が日本へ飛び立った。


「やったぁ！」

12月5日の夜、人質たちの妻に、ウダイ・フセインから直接、人質解放の旨が伝えられた。抱き合って喜ぶ家族たち。ウダイから、「『平和の祭典』を高く評価した」との言葉もあった。

だが、この申し渡しの場に猪木はいなかった。猪木にはウダイ側から、既に以下の連絡が入っていたのだ。

「あなたはもう来る必要はない」

喜びの確信があった。かような経緯を含め、人質解放の連絡があった時のことを、自伝内で特に猪木はこう綴っている。

「私はホテルの部屋で一人右手を振り上げ、いつものガッツ・ポーズを決めた」（同前）

その貢献を示すかのように7日、イラク国民議会に招聘され、特別ゲストとして壇上で一声発している。

「平和を愛する世界の声を、イラクの皆さんに届けることが出来たと思っております」

12月9日の帰路、行きには「機種がない」とされていた政府手配の日本航空の機内で、1人の男性が言った。

「猪木さん！　あれ、やりましょう、あれ！」

往路便にはいなかった、解放された人質たちを乗せた飛行機の中で、猪木がその、音頭を取った。

「1、2、3、ダー！」

第5章　美学

リング外でも波乱万丈

アントニオ猪木による、人命救助が報じられたことがある。

時は1976年1月30日の、深夜1時30分。猪木が自宅マンションにいると、煙の臭いが鼻を突いた。ベランダに出ると、隣家のお手伝いさんが助けを求めている。猪木はベランダの仕切りを乗り越え、お手伝いさんと赤ちゃんの2人を自宅へ救出した。

猪木の当時の妻・倍賞美津子は、1階の管理人室に連絡し、たまたま泊まりに来ていた自身の父母を1階ロビーまで誘導した。しっかりとハンコも持ち出し、駆け付けた消防隊員には、部屋の間取りを説明した。幸い、怪我人もなく、2月2日には渋谷消防署長から感謝状が贈られた。そして芸能雑誌に、この善行は大きく報じられたのである。

「猪木と倍賞が決死の活躍で人命救助!」(『週刊明星』1976年2月15日号)

猪木は当時、「東急アパート代官山タワー」602号室に住んでいて、火事の原因は隣の601号室の主である、会社役員のタバコの火の不始末(出火当時は不在)だった。ボヤに終わったわけだが、にもかかわらず、なぜ(芸能雑誌の類いではあるが)大きく報じられたのか。

言うまでもない。この1976年当時、猪木が既に、ビッグネームだったからである。最後の章では、アントニオ猪木がそういう立場になったジャンピングボードを紹介する。1つは女優・倍賞美津子との結婚。跳躍の一因となった経緯と、猪木本人の男としての自尊心の発露に注目して頂きたい。

もう1つは、それこそ猪木が全国的にリング内のエースとして認知されることになった、新日本プロレスのテレビ地上波レギュラー放送の開始。往年のファンにとっては、プロレスとは〝金曜夜8時に毎週放送されるもの〟であり、そしてそれは少なくとも一時期からは新日本プロレスであり、『ワールドプロレスリング』だった筈だ。結果的にこれを勝ち取ったのも、猪木のプロレスラーとしての尊厳だった。

そして終幕に取り上げるは、引退とそれに至るまでの一里塚である。衆目を集め人気を得た猪木の、プロレスラーとしての美学が、ある事件で明らかになった。本当にごく一握りの、スーパースターにしか達しえない境地をご高覧頂ければ幸いだ。

倍賞美津子との出会い

「子どものころから学芸会、運動会、お祭りが大好き」

新聞のインタビューにそう語った倍賞美津子は、その後、こう続けた。
「火事も。火事を見ると飛んでいくような娘だった」（毎日新聞夕刊２００９年４月４日付）

そんな大女優が１９７１年、結婚したのが、アントニオ猪木だった。

そもそものきっかけは、倍賞が高級車・センチュリーを蹴り上げたことだった。銀座の路上にこれみよがしに停車していた同車に、酒に酔っていた倍賞がイチャモン。「なにさ、こんな車に乗って！」とキックしたところ、ちょうど食事から戻って来たのが持ち主の豊登。力道山亡き後、一時エースとしてプロレス界を盛り上げたパワーファイターである。そんなことから知己となるのだから、どちらも豪傑だった。

倍賞の出る松竹歌劇団（ＳＫＤ）の公演を浅草の国際劇場まで観に行き、その夜、中華料理屋で猪木に改めて紹介した際、「この倍賞って子は面白いんだ」と、豊登が話すと、倍賞は倍賞で、猪木と張り合うかのような一言。

「私も〝女プロレスラー〟って言われるくらいよく食べるけど、あなた、よく食べるわねー！　本職は違うわ！」

２人はそれ以前に、豊登も同席したホテルニューオータニで出会ってはいたが、最初の私的な会話がそれだった。

以降しばらく間が空いたが、猪木が第二の故郷ブラジルに里帰りした際、友人が言った。

「俺、倍賞千恵子のファンなんだ」

「それなら、妹の美津子と知り合いだから、サイン頼んでみるよ」

美津子の姉はこれまた大物女優の倍賞千恵子だ。美津子は５歳上の彼女を追い、15歳で松竹音楽舞踊学校に入り、18歳でＳＫＤに入団したといういきさつがあった。後年、猪木は明治大学の文化祭でおこなった講演会で、前出の倍賞との出会いの顚末含めこう振り返っている。

「そういう感じで、彼女に取り入ったわけです（笑）。『友達が、あなたの姉のサインを欲しがっている。ですので、お会い出来ませんか？』とね」

実際、前述の会食には、小野みゆきや他の美人ＳＫＤ生も同席していただけに、特に倍賞が、猪木に見初められたということになる。

しかし猪木は、倍賞には決まりの悪い顔を見せることもしばしばだった。初デートのドライブで、何か焦げ臭いなと思ったら、猪木がサイドブレーキをかけたまま運転していた、なんていうのは序の口。倍賞の実家に挨拶に行ったところ、気が付いたら酒豪の父親に潰され、意識を失っていた（猪木も酒は、極めて強い方なのだが）。

バタバタは、リングでの魅力で取り返すしかない。

1970年8月には、時のNWA世界ヘビー級王者、ドリー・ファンク・ジュニアとの一戦に倍賞を招待（2日・福岡スポーツセンター）。引き分けでタイトル奪取はならなかったが、見る者の胸を打つ名勝負を見せた。翌年3月には倍賞と米ロサンゼルスで合流。26日、同地でジョン・トロスを破り、UNヘビー級王座のベルトを奪取。現在も全日本プロレスの三冠統一ヘビー級王座の1つとして名を刻むビッグタイトルの獲得は、猪木にもう1つの花を抱かせるには充分だった。

文字通りの「ビッグカップル」

帰国した3月29日、羽田空港の特別室で、2人そろって婚約を発表した。大物同士の慶事にふさわしく、150人以上の報道陣が集まった。

この直前、倍賞は1人で松竹の本社を訪れた。

「結婚したいんですけど」

〝好きな人と一緒になるのは当たり前〟と考えていた倍賞に、城戸四郎・松竹社長（当時）は言った。

「うん、そういう幸せもあるね」

ところが、他の幹部が言った。

「結婚して子どもを産んだら、今と同じような役は来ないよ」

「あら、じゃあ、辞めますわ」

迷わず退社し、フリーに。つまりは、松竹の看板が外れての婚約発表だった。しかし、翌日の新聞は、猪木を若干落胆させたようだ。

「倍賞美津子、猪木、結婚」

全ての紙誌の見出しで、猪木の名が、倍賞の後に記されていたのだ。そしてそれは、7ヵ月後の2人の結婚が次のようなものになることと、無縁ではなかった。

「猪木、1億円結婚式」

披露宴会場は、同じ1971年に開業した新宿京王プラザホテル。当時、新宿で最初の高層ビルとして話題になっていた。この5階、コンコードボールルームで、出席者は約1000人。料理が1人、1万5000円。猪木夫妻からの引き出物は、猪木の第二の故郷、ブラジルの蝶の標本と、13代目柿右衛門陶作の皿。セットで1つ、5万円（ちなみに、こちらは今でもネットの類で見かけることができる）。

猪木が身に着けた袴は、前年に逝去した人間国宝、甲田榮佑の仙台平で、380万円。倍賞は、打掛、小袖、カクテルドレス等、計5着で、これが2380万円。

ウェディングケーキは、卵2000個、砂糖500キロを用いた高さ5メートルの代物で、こちらが約3000万円。

ホテル側の諸経費については、1500万円という情報があったので、こちらを足すと……まあ、1億は軽く超えるし、各数字が多少大袈裟だとしても、かかった費用が1億前後なのは間違いない華燭の典である。

因みに、現在の価値に照らせば、ざっと「4億円挙式」となる。全て、猪木の主導だった。事実、用意した婚約指輪は1500万円のネコ目石、いわゆるキャッツアイだったが、これには倍賞自身が言ったという。

「こんなに高いのじゃなくても……」

猪木自身、自伝で語っている。

「週刊誌の見出しに『倍賞美津子とアントニオ猪木が結婚』と書かれていた。『アントニオ猪木と倍賞美津子』ではなかった。プロレスはやっぱりマイナーなんだな……と思ったのを覚えている。当時の倍賞美津子は、まだそれほどのスター女優ではなかったのだから。世の中がプロレスをそう見ているなら、超豪華な結婚式をやってやろう。私はそう決めた。それまでの最高が横井邦彦と星由里子の五千万円結婚式だったから、それなら一億だ。（中略）馬鹿みたいなことだが、世間を見返す絶好のチャンスだと私は思っていた」（『アントニオ猪木自伝』）

「波紋を起こせ」「世間を驚かせろ」……猪木がよく発するメッセージである。自らを一種の広告塔とする猪木の第一歩が、この時だったのかも知れない。ただ、それはあくまで、世間に対してのものだったようだ。１９７１年11月2日の披露宴の直後、報道陣との会見にのぞんだ夫妻の、こんなやりとりが残っている。

――昨夜はどうでした？

猪木「試合が遅くまであったので、このホテル（京王プラザホテル）に泊まりました」

倍賞「朝、起きたら、『トレーニングに行って来る』って、置手紙があって……」

猪木「バ、バカッ……！　そんなことを言ったら、結婚前に一緒に過ごしたことがバレちゃうじゃないか！」

一瞬の間を置き、報道陣は爆笑したが、対照的に、猪木は顔を赤くするばかりだった。

「人生は一寸先はハプニング」

「海外で最初に知り合った素人の女の子との恋愛が、すなわち結婚でした」

と猪木は語っている。

1965年、ダイアナ・タックというスパニッシュ系の10代の美女だった。それまで、グルーピーな女性がやたらとプレゼントをくれると思ったら万引きの常習犯かつ人妻だったりと、たぶらかされたことも。

「海外での本格的な恋愛は、言ったら初めて。だから、絶対に幸せにしなくては」

と思ったという。

1度別れた後、妊娠が発覚し、猪木はすぐに結婚。愛娘にも恵まれ、帰国すると日本に家族を呼び、東京のマンションで暮らし始めた。だが、プロレスラーは巡業に次ぐ巡業の生活。日本に知り合いもいないダイアナは次第にストレスと涙の生活を送るようになる。

1968年1月8日、猪木は突如、広島でのインタータッグ戦を欠場。保持していた同ベルトを返上する。これは、広島空港が雪害で閉鎖となり、会場入りに間に合わなかったためではあるのだが、そもそも前日の試合は大阪で開催。にもかかわらずの飛行機移動には、誰もが不審に思った。

内実は、ダイアナがヒステリーを起こし、猪木が東京にトンボ返り。なだめた後、広島に飛行機で移動しようとすると、大雪に阻まれたのだった。売りのインタータッグ戦が消滅した大会を選手たちが終え、宿舎に帰って来ると、玄関のたたきで土下座で待つ姿があった。新幹線で到着した猪木だった。

「人生はハプニング」「一寸先はハプニング」……これまた猪木がリング上でもよく用いるフレーズだが、まさにその言葉を、心ならずも地で行っていた。そしてダイアナと別れ、倍賞美津子と結婚した直後にも、そんな凶変に見舞われたのである。

「あなた1人くらい、私が食わせてあげる」

１億円ウェディングから44日後の１９７１年12月16日、夫妻は日本テレビ系のトーク番組『ご両人登場』の収録に揃って出演。猪木が言った。

「実は僕、今、失業中なんです。だから、女房に食わして貰ってるんですよ」

猪木はこの3日前、団体の不正経理を追及したカドで、日本プロレスを逆に除名処分になっていた。同団体に頼る予定だった結婚式費用は、そのまま負債に。倍賞がこう告げたのは、余りにも有名だ。

「バカねえ、アントン。お金貰ってから辞めれば良かったのに（笑）。心配しなさるな。あなた1人くらい、私が食わせてあげる」

翌年、猪木は新日本プロレスを旗揚げ。倍賞が全力で猪木を支えたのは有名だ。宣伝カーのアナウンス入れから、各種有力後援者の紹介。変わったところでは、ルー・テーズとカール・ゴッチが猪木、坂口征二組と対戦する試合前、「お土産に」と着物姿で現れ、日本人形をプレゼントしている（1973年10月14日）。テーズ57歳、ゴッチ49歳、実はセミリタイア状態だったレジェンドが、試合で素晴らしい動きを見せたことと決して無縁とは言い切れない。

新日本プロレスが資金繰りに苦しんだ際、「これ、アントンには内緒ね」と、300万円、500万円と、フロントの新間寿を通じて振り込んだことも、数回ではきかないという。経営をグラつかせた1つである、モハメッド・アリ戦において、倍賞はこんなコメントを残している。

「男は、とにかく向かって行かなきゃぜーんぜん魅力ありませんわ。アントンは、とにかくだれもやれない、そしてだれもやろうとしなかったことに、自分をかけて生きてます」（『サンデー毎日』１９７６年5月23日号）

倍賞が映画『復讐するは我にあり』（１９７９年）でブルーリボン助演女優賞を受賞した際、猪木は祝電を打つ。

「ミナミジュウジセイノシタデ　アナタヲツマニシテ　ホントウニヨカッタトオモイマス」

日本におらず、海外の試合で凱歌を揚げていたのも猪木らしい。１９８２年、新日本プロレスが10周年を迎えると、倍賞は「旗揚げ時の功労者」として個人で表彰されている。

だがその80年代、猪木の夢は更に多岐にわたっていた。１つがアントン・ハイセルだ。育ての故郷ブラジルを、バイオ事業で救おうとした副業だったが、成果は上がらず、数億円では利かない負債を背負う。試合や後援者からの資金集めに東奔西走する日々の中、すれ違いが続いた。倍賞は金銭面でも相変らず支えていたが、その際、新間寿にこう聞いたという。

「アントンはブラジルのこととなると、なぜあんなに夢中になってしまうの？」

決定的だった逸話は関係者から、表現の端々は違えど、それとなく明かされている。

「どうしても今夜は家にいて欲しい、そうでなきゃ私たちはダメになる」

と訴える倍賞に、しかし、外せぬ約束があった猪木は外出。1987年10月、離婚が成立したのだった。

倍賞自身は、そこから16年後のインタビューで、こう答えている。

「離婚した理由は言いたくないんです。一度自分が責任持って好きになった人の悪口は言いたくない」（『SAY』2003年1月号）

現在も続く交流

『創立30周年記念 闘魂記念日』と大書されたパネルが何万人もの観客を出迎える。2002年5月2日、東京ドームにて、新日本プロレスの旗揚げ30周年記念興行がおこなわれた。

試合の合間には、猪木がスーツ姿でリングに登場。長年に亘る応援の御礼を述べ、締めに入ろうとしたその時だ。「ちょっと待って下さい」傍らの田中秀和リングアナが言う。

「特別で1人来てる方がおられます。これ猪木さんも聞いてないと思いますんで」

その言葉通り、不審げな表情を浮かべる猪木。

「30周年、花束を持って駆け付けて下さった方をご紹介したいと思います。……倍賞美津子さんです！」

少し唖然とした猪木の表情。『炎のファイター～サンバVERSION』に乗って現れた倍賞美津子は、リング上でマイクを握った。

「リングの上に登ったのはですね、何十年ぶりかなと思うんですよ。なかなかいいですね、この上は。……（猪木に）いつもいいとこ登ってたんですね！（笑）。新日本プロレスの30周年記念と言いますので、最初立ち上げた時に一緒にやってましたもので。そう言うおめでたい席なら来てもいいかなぁ、なんて気持ちで来ました。これからも新日本プロレスを宜しくお願い致しまーす。ウフフ」

「え～」

と、猪木もマイクで応えた。

「いつも『ハプニングを起こせ』ということで『人生はハプニング』……。そういうことで、（今回は）俺がハプニングを起こされてしまいましたが。ちょっと戸惑っております（苦笑）」

だが、そんな動揺とは裏腹に、倍賞がリングに上がる際、セコンドに頼らず、自らロープをサッと開けた猪木。倍賞は、そんな猪木に花束を渡した後、ガッチリ握手した。両者にしか見えない絆がそこにあったと言っても、言い過ぎではあるまい。2人は互いを表すとき、結婚中も離婚後も、「戦友みたいなもの」と語っていた。

最後はお馴染み、猪木の音頭で締められた。

「いつも以上の元気を出して、行くぞー、1、2、3、ダー！」

もちろん倍賞美津子も一緒に拳を上げた。婚姻時も団体旗揚げ時も予想しなかった、主催者発表で5万7000人の観衆とともに。

後に倍賞は、このリング上での瞬間を語る。

「あのときの私ってきっとすごくいい顔してたと思う。人を一生懸命愛した記憶って、たとえそれが別れにつながっても、素晴らしいことなんだなって改めて思いました」

（同前）

猪木は2021年1月より、大病で長期入院。1度の転院はあったが、そこに何度も見舞いに訪れる影があった。

倍賞美津子さんだった。

「さん」付けで呼ぶ

素顔は礼儀正しく、紳士――。一流になればなるほど、そういった評判を聞くプロレスラーは多いし、猪木もそのご多分に漏れない。付け人を務めた蝶野正洋は語る。

「ホテルの大浴場で、猪木さん、出て来るの遅いなと思ったら、散らかった桶を綺麗に片づけてたんですよね。泡がついたのには水をかけて。誰も見ていないのに、ですよ」

ストロング小林戦では、フリーレスラーとなったばかりの小林に、当初、ジャイアント馬場（全日本プロレス）からの誘いもあったことを、小林の母が明言している。その上で、母の方から猪木戦を勧めたという。その理由をこう語る。

「当時、家の2階が息子の部屋で、馬場さんからの電話を外線で繋いで、私は内線の方で、その会話を聴いていたんです。馬場さんは息子のことを、ずっと『小林』。でも、猪木さんは終始、『小林さん』と呼び掛けてくれて。どちらにとっても息子は後輩だったんですが、猪木さんの方に良い印象を持ったのは間違いないですね」

だが、そんな猪木が、それこそ5歳年上のその人物を呼び捨てにしたことがあった。しかも、辛辣な評価とともに。

「馬場自身にどれだけ人気があるかだろう。一人立ちしてやって行けるだけの人気はもうないと思うな」

この時、インタビューした記者も述懐する。

「猪木さんが馬場さんを呼び捨てにしたのは、それが初めてでした」

時は1972年7月31日。新日本プロレスが旗揚げして5ヵ月目のことだった。

ご存じのように、少なくとも猪木の意識下では、2人はライバル。旗揚げ時にも、戦いたい相手として、当然、その名を挙げている。その時にしたって、呼称は「馬場さん」だった。

この間に、何が起こったというのか。

流行語になった「片手で3分」

「〝坂口時代〟が来る」

1971年1月3日付、東京スポーツの1面見出しである。後の新日本プロレスのナンバー2にして、2代目社長も務めた坂口征二である。1965年に全日本柔道選手権を制し、1967年に「柔道日本一」の肩書きを引っ提げてプロレス入り。同年8月のプロデビュー後、記事が出たこの時は、既に3度目のアメリカ遠征中だったが、実質、元旦発売の紙面のトップ奪取は、業界全体の大きな期待の表れである。

この前年（1970年）におこなわれた日本プロレスの『第12回ワールドリーグ戦』では馬場、猪木に次ぐ、日本勢3位の成績を残している。まだデビュー4年目でありながら輝かしい実績と、柔道時代の知名度もあり、早くも「第3の男」として認知されつつあった。

猪木との初対面時のエピソードがある。

その日は、日本プロレスの公開練習日だった（1967年4月6日）。同団体のコーチを務めていることもあったカール・ゴッチが、まさに鳴り物入りの金の卵、坂口に稽古をつける。記者たちがその模様をカメラに収める。すると、それが終わった直後、ゴッチにスパーリングを挑む先輩が現れたのだ。

猪木だった。

猛然と摑みかかって行ったのは、書くまでもないかも知れない。そのこと自体が、坂口への強いライバル意識を示していた。そのため、猪木が日本プロレスを離れ、自ら新日本プロレスを設立すると、坂口も（品のない言い方をすれば）猪木の〝口撃〟の対象になった。有名だが、猪木のこんな挑発が残っている。

「坂口なんて、片手で3分ですよ」（1972年1月15日。記者との歓談中に）

呼び捨てであった。これが記事になると、坂口も応戦する。

「自分は片手で3分とか、馬鹿なことは言わない。両手で10分あれば猪木さんをKOしてみせます」

いかにも実直な坂口の素顔が覗くが、しかし、これすらあくまでリップサービスだったようで、他にこんな発言も残している。

「（日本プロレスという）枠の外に出てしまった人間の言うことは、同じ次元で考えるわけには……。受けて立てば、喧嘩になってしまいますよ」

これまた坂口らしい、極めて真っ当な反応だった。ところが坂口は、意外なところから、同じ言葉を聞くことになる。

「手当しなきゃ、片手で３分で（笑）」

「出番までは……そうだな、片手で３分（笑）」

猪木の挑発から約２週間後。１月28日の日本プロレス後楽園ホール大会の控室での光景である。他の選手のからかいに、苦笑いで応えるしかない坂口。流行語と言えばそれまでだが、要するにギャグの一種にされていたのだった。それは取りも直さず、日本プロレスを辞めた猪木への当てこすりであり、もっと言えば、見下しだった。

無理もない。新日本プロレスの陣容はこの時、猪木、山本小鉄に、デビュー４年目の木戸修、同１年未満の藤波辰巳のみだった。テレビ中継も付かず、３月６日、大田区体育館での旗揚げ戦こそ満員の客を集めたが、その後は閑古鳥が鳴くばかり。日本プロレス側の軽視の対象になるのもやむをえなかった。

その、まだ発足間もない新日本プロレスに、一筋の光明が差したのは、旗揚げから３ヵ月が経った、６月29日のことであった。

日本テレビが新日本を中継⁉

「新日本プロレスの再出発」

「日本テレビ」
「10月からの放送開始を目論む」
「夜9時半からという線で基本交渉」

中日新聞を親会社とする名古屋タイムズ発行の総合娯楽紙『レジャーニューズ』の見出し及び記事である（1972年6月29日発行）。

内容を簡単に言うと、この年の5月に、日本プロレスのテレビ中継を終了させていた日本テレビが、10月からは猪木率いる新日本プロレスを放映することになるかも知れないということ。もともと、日本プロレスはこの5月まで、馬場の試合を独占放送する日本テレビと、同じく猪木を中心に扱うNETの2局体制だったが、前年末に、猪木を除名。目玉の選手がいなくなったNET側は、馬場の登場を請い、日本プロレス側もこれを応諾した。

すると、この処置に日本テレビが激怒し、その放送を打ち切ってしまった。しかし、日本テレビと言えば、そもそも力道山時代から続く、プロレス中継の老舗である。10月から、猪木の新団体を扱うという可能性は十分にあった。記事では力道山のマネージャーでもあり、日本テレビのプロレス中継で解説者も務めたことのある岩田浩の新日本プロレス入りも報じられていた。それにかこつけて、日本テレビとの縁が出来るのでは？ということである。

事実、同紙発売から8日後の7月7日、新日本プロレスは事務所を渋谷区の猿楽町から港区南青山に移転するのだが、そのパーティーに日本テレビの要人が出席。当時、同社の運動部長であった松根光雄だった。この松根、時期は先になるが、１９８１年から１９８９年まで、日本テレビからの出向という形で全日本プロレスの２代目社長も務めたほどの人物である（初代と3代目は馬場）。

実は日本テレビのプロレス中継打ち切りも、この松根の声があったとされる。その松根が、新日本プロレスの社屋移転パーティーに出席したのだ。しかも、重鎮がもう1人。三菱電機の大久保謙会長（当時）も姿を見せた。こちらはオールドファンには懐かしい、決戦前にリング上を清めるパフォーマンスで有名だった掃除機『風神』のメーカーであり、同時に、日本テレビのプロレス中継の、大スポンサーの会長。テレビ中継がつかずに旗揚げから戦って来た猪木にとって、どれほどの喜びだったことだろう。

ところが約3週間後の7月29日には、あっさりと以下のニュースが流れた。

「日本テレビ、10月より、ジャイアント馬場の新団体を放送へ」

この日、ジャイアント馬場は日本プロレスに辞表を提出していたことと、10月の新団体設立を発表。日本テレビがこれを全面バックアップすることも重ねて明かされた。唐突に、さらに3つの同時発表は、最初から裏でそういった話が出来ていたと見られてもおかしくはなかった。

猪木が馬場を初めて呼び捨てにし、返す刀でその人気をも蔑むような前言をしたのが、この発表の2日後だったのだ。加えて、こうも言明している。

「馬場の会社はできるだろう。しかし、この社会は人気第一なんですよ。その点、馬場はどうなんだろうね」

「(日本テレビのことは) オレには全く関係ないいんじゃない」

「ウチはスタートした時点からテレビは相手にしないと一貫した姿勢できたでしょう」

(東京スポーツ1972年8月2日付)

言葉と裏腹の猛烈な悔しさをこちらが見るのは、うがち過ぎではないように思う。

坂口を動かした一言

坂口征二が猪木とニアミスを起こしたのはこの少し後だった。それは、東京駅のホーム上でのことだった。

（……猪木さん！）

関西での巡業を終え、新幹線から降り立つと、目の前に新日本プロレスの一行がいたのだ。猪木らは、これから関西の試合に向かうところだった。

相変わらずテレビ中継のない新日本プロレスの一方で、坂口はこの数ヵ月で、それまで以上に知名度がアップしていた。当然だ。母体の日本プロレスは猪木が抜け、馬場も辞めた。しかしテレビ中継は、ＮＥＴが継続。メインを張れる有名日本人選手は、坂口しかいなかったのだ。

この時、日本プロレス陣営は、坂口のほか、星野勘太郎らの武闘派もいた。緊張が走る。だが、猪木の方から声をかけて来たのである。旧知の星野が頭を下げ、自然と坂口の元に誘う。立ち話ながら、猪木はこんなことを言った。

「今、テレビに出てるね。俺たちは残念ながら、出られなくて」

「……」

「俺たちは苦しいけれど、会場に来てくれる何百人のお客のために、いい試合をしてるつもりだ。でも、君たちは、テレビを通じて、何千万人という人を相手にしているよね。

だから、君たちにはそれだけ、プロレスに対する責任もあるということを忘れないで欲しい」

「……!!」

「君たちの内容が悪ければ、プロレス全体の人気が落ちてしまう。いい試合が出来るように、頑張ってくれ！」

73年1月、坂口とは大学の同窓のマサ斎藤が間に入り、猪木と会談。日本プロレスと新日本プロレスは合併することに決まる。

新団体名も「新・日本プロレス」になることに決定していたが、日本プロレスの古参の大木金太郎がこれに猛反対。

坂口の採った行動は1つだった。希望者を引き連れ、自らが日本プロレスを離脱。新日本プロレスに合流したのだった。以降、新日本プロレスにはNETのレギュラー中継(『ワールドプロレスリング』)が付き、その後の栄華があるのは語るに及ばない。1991年末、同団体の社史的な側面も持つ『新日本プロレス20年史』(新日本プロレスリング)が刊行された。うち、「旗揚げの思い出」というコラムで、猪木はこの一件を著述。こう結んでいる。

「『この日の出来事が新日プロ入りのきっかけになった』と坂口から後日、聞かされました。〝人間、素直になる〟ことの大切さを改めて感じるとともに、これからも心の内を正直に伝えられる人間であろう、と深く心に刻んだ思い出深い出来事となったのです」

猪木からの学び

入場の途中で、猪木がうずくまってしまったことがあった。

しかも場所は東京ドーム。立派な花道が用意されており、大袈裟でなく、全観客の目が、そこに集中する瞬間である。1995年1月4日のことだった。

猪木はこの日、4人制トーナメントに出場。だが、第1試合のジェラルド・ゴルドー戦でローキックを浴び、左脚を剝離骨折していた。決勝となる2試合目の入場で、思わず立ち止まり、膝をついてしまったのだった。結局、相手の外国人レスラー、スティング戦には辛勝するも、猪木は試合後、言った。

「そろそろ潮時でしょうね」

そしてこの3年後の1998年4月4日、引退した。

最初に猪木の衰えが指摘され始めたのはいつ頃からだったたか。

猪木ファンによっては、1980年2月に、スタン・ハンセンのウェスタン・ラリアットで初めてリングアウト負けした時を挙げる者もいる。実際、80年代からは、試合で負ける度に引退が取りざたされていた印象だった。だが、それ自体を糧に生き抜いて来たのも、また猪木だった。

ハンセン相手には、翌々月の再戦で完勝、9月には、自分がラリアットを相打ちさせながらハンセンに叩き込み、結果、勝利している。

第3章で述べたホーガン戦の失神事件で幕を開けたIWGPのリーグ戦は、団体の金看板として続行。

1988年7月22日には、8分足らずで長州に初めてシングルでピンフォール負けを喫するも、その16日後の8月8日には、藤波と60分時間切れの死闘を展開。名勝負として今も語り継がれている。

時代が平成に変わった1989年4月24日には、プロレス界初の東京ドーム大会のメインで柔道家、ショータ・チョチョシビリと対戦するも、完敗。試合後、自らこう言い残した。

「俺の力も、衰えたということかな……」

ところが翌月にチョチョシビリにリベンジを果たすと、その翌月には国政進出を明言。結果、日本のプロレスラー初の国会議員という、鮮やかな転身を果たしたのは第4章で書いた通りである。

むしろ、厳しかったのは、内部からの突き上げだった。

リングとは毛色は違えど、副業のバイオ事業アントン・ハイセルの失敗による一時的な社長解任があったし（1983年）、84年には、長州力ら当時の人気ユニット、維新軍勢が新日本プロレスから大量離脱する。猪木自身は、「大掃除が出来た」とうそぶいたが、戦力不足は否めなかった。

結局、翌1985年末には、戦う場を失っていた前田日明ら第1次UWF勢と提携。すると、前田らしいと言えばそれまでだが、彼から仮借なき批判が飛んだ。

「猪木さんと戦っていると、哀しくなってくる」

「（今の）あの人のプロレスは、上手くかわすプロレス」

「もう辞めて欲しい」

挙句、前田は1988年に自らの信じる道を行くとして、第2次UWFを旗揚げする。第1次UWFからの同志、高田延彦と山崎一夫がこれに同舟したのはさておき、翌1989年4月には新日本プロレスのホープだった船木優治（現・誠勝）と、新人の鈴木実（現・みのる）までが第2次UWFに移籍。1988年6月デビューの鈴木に至ってはこの時、キャリア1年未満である。しかも、元々の憧れのレスラーは猪木。1988年には、当時の猪木の付け人の大矢健一（現・剛功）が怪我をしたのに乗じて、自ら猪木の付け人を志願。大矢から引き継ぐ形でこれを務めたが、実はそれ以前から、出来るだけ猪木のそばには付いているよう心がける念の入れようだった。新日本とUWF、標榜するスタイルの違いとはいえ、ここまで来ると、傍から見れば、猪木自体の求心力の低下を感じざるをえなかったのも事実だ。

その後、第2次UWFの分裂により、新団体・藤原組に参じた鈴木は、その旗揚げ戦の後、一席ぶった。「ホーガンだろうがシンだろうが、俺は俺のスタイルでやりますよ。他団体のリングに上がっても、自分の意思は絶対曲げません。曲げるくらいなら、出なきゃいいと思ってるんで。ロープワークなんて、忘れましたよ」（1991年3月4日）。

当時の藤原組は大企業メガネスーパーがスポンサーで、同社はさらに天龍源一郎率いる

ＳＷＳの親会社でもあった。ＵＷＦ系統とはスタイルの違うＳＷＳとの交戦の可能性を記者に問われた時だった。そういえばデビュー９ヵ月後、猪木との唯一の一騎討ちが組まれた際、鈴木は猪木に果敢に張り手。首投げから倒れた猪木に、さらに上から張り手。しかも、「来いよ、ジジイ！」の挑発付きだった（１９８９年3月15日）。そんな鈴木に２０００年代、東京スポーツから異名が付けられた。曰く、「世界一性格の悪い男」。

猪木が、まさにその威光を無くしかけた大事件の際も、この鈴木みのるが付け人だった。

「社長が謝らないと……」

「やーめーろ!!　やーめーろ!!」

声を合わせての観客の大コールに、リングに大量に投げこまれる空き缶や弁当殻。１９８７年12月27日の新日本プロレス、両国国技館大会、セミファイナルの光景である。カードは藤波辰巳、木村健吾VS.長州力、マサ斎藤。

一見すると、正統派の好ファイトが期待出来る顔合わせだが、事前に変事があった。もともとのカードは藤波辰巳、木村健吾VS.ビッグバン・ベイダー、マサ斎藤であり、続くメインでは、猪木と長州が一騎討ちをする予定だった。

ところが、そのセミファイナルのベイダーの入場時、ビートたけし率いる、たけしプロレス軍団（TPG）が同行。ベイダーはこのTPGが連れて来た猪木への刺客という触れ込みで、たけし軍団のガダルカナル・タカがマイクで一席ぶった。曰く、我々は猪木に挑戦したのだから、ベイダーとやるのは、猪木であるべきと。すると登場した猪木も、「よーし、やってやるか、この野郎！」

とマイクでこれを了承。メインの枠を外された長州は、ベイダーが出る筈だった試合に出場。それがこのタッグマッチだった。

余りに急激なカード変更に、客の怒りが爆発。危険を感じた長州がタッグマッチに勝利後、猪木を呼び出し、結局ベイダー戦の前に、本来予定されていた一騎討ちで戦うことに。この瞬間には、客からの大歓声も沸いた。

ところがこの猪木VS.長州、いざ始まってみれば、猪木も硬くなったのか、それともベイダー戦へのスタミナを残したいのか、なかなか組み合わず。消化不良のまま、僅か6分6秒で、長州の反則負け。

観客のフラストレーションが溜まったところで、遂に猪木VS.ベイダーとなったが、このベイダーに猪木は僅か2分49秒でまさかのフォール負け。後のベイダーの躍進を見れば、それだけの強者だったともわかるのだが、この時が初登場。元来、猪木VS.長州を期待して来たファンにとっては、あまりに酷に過ぎた。

「金返せ、この野郎！」

「つまんねえぞ、新日プロ！」

「ファンを舐めんじゃねーよ！」

怒号が場内に飛び交い、再び大量の物がリングに投げこまれる。リングアナウンサーの田中秀和が行動に出た。そのリングに上がり、中央で土下座したのだ。そして、マイクで訴えた。

「お願いします。物は投げないで下さい。会場が借りられなくなります」

これが新日本プロレスにとって、3回目の大暴動だった。

1回目は1984年6月14日、場所は蔵前国技館だった。第2回IWGP決勝戦の猪木VS.ハルク・ホーガンに長州力の乱入があり、ファンが激高したのである。リングへの物の投擲は序の口で、マス席の赤い敷物はひっぺがされ、場内の大時計まで破壊される始末。会場前の蔵前警察署から18人の警官が駆け付け、観客を外に出すことには成功したが、会場外に居残った約1000人のファンは、その場で決起集会を開き、新日本プロレスに長州の処罰を求める要望書を出す騒ぎにまで発展した。

2回目は、猪木VS.ベイダー戦の僅か9ヵ月前。1987年3月26日の大阪城ホール大会でのことだった。メインの猪木VS.マサ斎藤に、謎の覆面男、「海賊男」が乱入。斎藤に手錠をかけて連れ去るも、また斎藤が戻って来て猪木の急所を中心に狙い、猪木の反則勝ちとなった試合だ。余りにも不可解な流れと結末に、3000人以上の観客が暴徒と化す。アリーナに並べられていた赤いアームレスチェアが次々とリングに投げこまれ、遂には放火騒ぎも。警察と機動隊が出動し、鎮圧する騒ぎとなった。

なお、1回目の暴動の際、実は会場の蔵前国技館は既に3ヵ月後の取り壊しが決まっており、その後の同会場使用については不問になっている。しかし今回の両国国技館に関してはまだオープンして3年目の真新しい建物。物が飛び交う中での、田中リングアナの決死の土下座は、マイクでの懇願通り、会場が借りられなくなる最悪の事態を防ごうとするものだった。

田中リングアナの目からは、涙が溢れていた。しかし残念ながら、この嘆願はかなわず、新日本プロレスは自らも自粛という形ではあったが、翌88年は両国国技館を使えず、その間の都内のビッグマッチは、有明コロシアム等で代替した。

さて控室では、坂口征二や藤波辰巳が集まり、相談を始めた。鈴木実は、試合を終えた猪木の横で世話をしていた。坂口や藤波が近づき、猪木に請うた。

「社長（猪木）、出て行ってお客さんに謝ってくれませんか。社長が謝らないと、お客さんは帰りませんよ」

猪木の返答は、ちょっと耳を疑うほど意外なものだった。

「そんなに謝りたければ、お前らが行って謝ればいいじゃねえか」

頭を下げない猪木は、今に始まったことではなかった。

頭を下げる意味

「猪木、日本プロレス除名」

日本プロレスがこれを発表したのは、1971年12月13日午後3時のことだった。この時期には、まさにジャイアント馬場と両輪で、同団体を支えていた。

ましてすでに見たように、猪木は同年11月2日に倍賞美津子と、〝1億円挙式〟。その費用は日本プロレス側が持つことになっていた。ここで反乱を起こすのは得策ではなかった筈だが、経緯はこうだ。

猪木の挙式から2日後の11月4日、上田馬之助が猪木に、日本プロレスの幹部たちの金銭面での放漫ぶりや不明朗な経理状況に疑義を呈した。猪木も実は10月初旬にはジャイアント馬場と2人きりで既にこの件について話しており、異議はなく、日本プロレスの選手たちには顔なじみのプロモーターで会計士の横顔も持つKを使い、経理の実態を調べることにした。

11月27日には馬場、猪木、上田、Kが、日本プロレスの経理担当部長に直談判。台帳を見せることと、年度決算書にある「仮払い金」（約5700万円）の説明を求めた。しかし経理部長はこれを頑なに拒否。この「仮払い金」が、まさに幹部らの私腹の肥やしや遊興費に使われたのだと猪木らは見ていたのだが、一部ではこれを、いわゆる当時の反社会勢力への上納金とする説もある。

会談は物別れ。やむをえず、猪木、馬場らは、所属選手18名による連判状を作成。それを翌28日の臨時役員会で、日本プロレス社長の芳の里に突きつけ、経理の明朗化及び健全化を要求した。芳の里も善処するとし、Kも日本プロレスの最高顧問に挨拶に出向くなど、体制刷新に向け精力的に動いた。

ところが翌日、上田馬之助が他の日本プロレスの選手たちに、

「猪木さんが日本プロレスを乗っ取ろうとしている」

と吹聴して回る。Kは猪木サイドの人物、猪木の後援会の代表者でもあったことで、大いに不信感を持たれてしまったのだった。Kも上田に、

「新しい会社を作ることになるかも」

「各選手、印鑑証明を持って来てくれ」

などと言っており、それより前には、「猪木を主役に、ウチの興行買わないか」と持ちかけていたという。

Kはもともとプロモーターでありこれらの言葉は日常的な会話の一環だと思うのだが、猪木も猪木で、Kを株主に推挙したいと選手たちに言っていたのも事実だった。以上の流れだけでも、「猪木が会社を乗っ取ろうとしている」と、一旦バイアスがかかってしまうと、全ての発言が悪い想像に繋がるという怖さがあった。

馬場はこの上田の指摘に、「俺はそういう噂は、全く知らない」と答えたが、本音だったろう。しかし12月1日、新幹線での移動中に上田を隣に座らせ、改めてその言い分を含めて事情聴取。そもそも、性急な刷新を好まない馬場だけに、「この件については、

降りる」という自身の判断を下し、後日、日本プロレス側に詫び、進退伺を出した。つまり、猪木は、彼を信奉していた山本小鉄や藤波辰巳、木戸修らを除いて孤立。そして、「会社乗っ取りを企てた」という疑いのもと、12月13日、団体追放の憂き目に遭ったのだった。

だが、猪木はその翌日にはKと会見。以前、選手たちと作った連判状も見せ、言った。

「乗っ取りなどとんでもない！　濡れ衣です！　馬場さんたちと手を取り合って、会社を良くしようとしただけです。馬場さんも上田も賛同してくれたのに、なぜ途中から手の平を返したのかわかりません。何の行き違いがあったのか……」

声明文も出し、逆に名誉棄損、横領等で、日本プロレス側を訴えるとした。会見の場は、新宿京王プラザホテル「宴の間」。前月2日、倍賞美津子との披露宴後、報道陣との質疑応答がおこなわれた「雅の間」の隣であった。

結局、翌年3月に、猪木は前出のメンバーと新日本プロレスを旗揚げ。この時の騒動を、こう振り返る。

「馬場さんは一回、（注・日本プロレス側に）頭を下げた訳でしょ、若手の前で。それは大した勇気かもしれない。俺なんかは逆に、そういう勇気はない」（『猪木神話の全真相』）

件の馬場も72年７月には日本プロレスを離れ、10月に全日本プロレスを旗揚げ。日本プロレスは翌年４月、終焉を迎えた。

ファンより自分の生き方

再び話は１９８７年12月27日、３回目の暴動の日に戻る。

「そんなに謝りたければ、お前らが行って謝ればいいじゃねえか」

鈴木みのるによれば、喧嘩腰だったという。続けて、猪木は言った。

「俺が出した結果が、客の求めてるものと違うからって、いちいち頭なんか下げていられるか！」

「⁉」

「俺が自分でやったことに自ら頭を下げたら、２度とお客なんて、観に来なくなるぞ！」

「‼」

『ワールドプロレスリング　オレのメモリアルバウト』（テレ朝チャンネル２　２０２１年３月17日放送分）、タイトル通りの試合を挙げる同番組で、鈴木みのるがその舞台裏とともに語った試合の1つがこれだった。
猪木は、これ以前に、こう語っている。
「こういう言い方は嫌われるかもしれないけど、オレはファンのためには生きたくない。ファンは、オレがやっていることに対して共鳴するからついて来るだけだと思っている。だから、オレが〝ファンは神様だ〟なんて発言をするようになったら、引退が間近いかもしれないよ」（『週刊宝石』1982年3月27日号）
そしてコロナ禍に揺れ、自らも既に大病を患っていた2020年にも話している。
「世間には、よく『私はファンのために頑張ります』なんていうやつがいるけど、そんなの嘘だね。ファンのためにだけ頑張ってたらダメになっちまうよ。あくまでもテメエの生き方をどれだけ主張するか。そしていかにファンをこっちに向けさすかという」（2020年6月23日。アントニオ猪木公式ツイッター）
鈴木みのるは、1992年末、藤原組を脱退。1993年9月、より虚飾を排した格闘スタイルを標榜し、パンクラスを旗揚げする。先立つ同年5月16日、団体の設立会見で、声を詰まらせながらこう語った。「誰に対しても絶対に曲げなかった自分たちの夢と情熱を、やっと形にすることが出来ました」

10年後の2003年にはパンクラス内での使節組織・パンクラスMISSIONを立ち上げ、なんと新日本プロレスのリングにカムバック。それまで距離を置いていた他のプロレス団体のリングにも自ら上がり大暴れ。2006年には『プロレス大賞』のMVPも受賞。その勇名は今や海外までとどろき、今も第一線の選手として、常に注目を浴びている。

鈴木も間近で体感した大暴動で幕を閉じた1987年の新日本プロレス、そして、猪木の闘い。

その8日後、年が明けて最初の試合が、後楽園ホールでおこなわれた（1988年1月4日）。動員は2200人（札止め）だった。

「行けばわかるさ」

「私は今、感動と感激、そして、素晴らしい空間の中に立っています。心の奥底から湧き上がる皆さまに対する感謝と熱い思いを止めることが出来ません」

マイクを持って、猪木は喋り始めた。時と場所は、1998年4月4日の東京ドーム、引退試合の場だった。既に、現役最後となるドン・フライ戦を終えた上での、文字通り、フィナーレとなる挨拶の冒頭が、これであった。

「このような大勢の皆さまの前で最後のご挨拶が出来るということは、本当に、熱い思いで言葉になりません」

前売り券は早々と完売。当日は、プロレスの東京ドーム興行では初めてとなる当日券（5000円）が1500枚、用意された。スタンド席から後方の通路スペースで観る形だが、こちらもあっという間に売り切れ。本当に立錐の余地もない観客で、東京ドームは埋まった。闘い終え、猪木は挨拶を、こう締めた。

「最後に、私から皆さまにメッセージを贈りたいと思います。人は歩みを止めた時に、そして挑戦を諦めた時に年老いて行くのだと思います。この道を行けば、どうなるものか。危ぶむなかれ、危ぶめば道はなし。踏み出せば、その一足が道となり、その一足が道となる。迷わず行けよ、行けばわかるさ。……ありがとーーっ‼」

集まった観衆は、主催者発表で7万人。国内のプロレスの史上最多動員記録として、未だに破られていない。

あとがき 「山師」という原像

赤子時代を除けば、猪木が人生で最初の涙を流したのは、14歳の時だったという。引き金は、祖父の死だった。

5歳の時に、横浜市議選の遊説中だった父が急死した。だから、父親の記憶はほとんどなく、おじいちゃん子だった。

祖父の名前は相良寿郎。

いわゆる猪木信者には知られた名で、猪木の人格形成に最も大きな影響を与えた人物とされる。母方の祖母の祖先は九州・熊本の相良藩主。相当な財もあり、婿養子の寿郎は米相場を操る相場師を中心に、さまざまなビジネスに進出した。時には、危ない取引の代名詞ともされる小豆相場にも手を出すという、根っからのチャレンジャーだった。

猪木自身、近著で、祖父を「悪く言うと山師」と評している（『猪木式教育論「父親の背中」の見せ方』講談社)。しかし、言いかえれば危険を顧みない夢見的なその人柄が、猪木と似通うのも事実だろう。

寿郎が少年時代の猪木寛至に言い含め、後々までの彼の柱となったのは、以下の2つの教えだった。

「やるなら世界一になれ。それがたとえ乞食でも」

「心の貧乏人になるな」

本書で述べて来た猪木の姿に寿郎の言葉が通底していることが、読者の皆様にも垣間見えていれば、改めて幸いに思う。

寿郎は猪木が生誕時、手を開いて生まれて来たことだけで大喜び。「この子は将来、大物になるぞ」と小躍りした。成長し、学校嫌いかつ不活発で、あだ名が「ドンカン」(どんくさい寛至の略)となった猪木少年だが、食パンを一口で食べられる特技があり、これもやはり寿郎がベタ褒め。要するに溺愛していたのだ。猪木もそんな寿郎を慕い、中学生になっても寿郎の布団に潜り込んで寝ていたという。

別れは突然だった。1957年2月3日、猪木一家は新天地を求め、横浜港から貨客船『サントス丸』に乗り、ブラジルへ向けて出発。長旅の中、猪木はこの月の20日、14

だ。

歳の誕生日を迎えた。ところが寿郎は、その数日後、船上で絶命したのだった。中途の寄港地、パナマのクリストバルで買い込んだ青いバナナがあたり、腸閉塞を起こしたのだ。

棺は日の丸に包まれてベネズエラ沖で水葬された。猪木が初めて涙を流したのが、この時だった。船長は猪木に言った。

「君のお祖父さんは、海の守り神になったんだ」

だが、この弔いの言葉以上に猪木の印象に残ったのは、死の少し前、寿郎自身が話していた思い出だった。

船がパナマ運河に差しかかった時だ。当時、この運河を渡る時は、鉄道が船を引っ張っていた。すると、寿郎が懐かしげに言ったのだ。

「昔、米相場で大儲けした時、ここの鉄道の権利を買わないかと言われたことがあってなあ。あの時、買っていれば、今では世界一の大金持ちかもなぁ……」

スケールの大きさと、その後の急死のコントラストから、以下の感慨を強く抱いたと、本人は語る。

「人間て死ぬ時に自分の人生を振り返るんだな」（『週刊明星』1982年10月28日号）

2019年の8月、妻の（橋本）田鶴子さんを亡くした猪木。2人が常宿とした青森の旅館内の一室には、かつて田鶴子さんが東京で経営したバー、「ズッコ」がそのまま再現されている。また、猪木はこの2年、この田鶴子さんの墓を建てる場所をずっと探して来た。

そして本人も大病を患い、瀕死の状態に陥ったこともある。そんな中、「力道山の付け人をやっていた時代から……」と、それこそ自分から過去を口に出す瞬間があった。

「考えてみると、美味しいものしか、食べて来なかったんだよね、俺は……」

そして言った。

「何が言いたいかと言うと、病院食は、不味くてやってられない（苦笑）」

2021年1月に入院してまもなく、まさに、「死」について語ったこともある。携わったNHKの番組制作関係者によると、内容はこうだった。

「死んだら宇宙葬がいいなあ」

引退後は、時に取材記者泣かせなほどに、自分の過去の試合について振り返らなかった猪木。

退院後「俺は元気が売り物だったからね。それを1つ1つ、証明して行かなければ」と語った、不滅の燃える闘魂のその先を、まだまだ見届けて行きたい。

主要参考文献

■書籍

『アントニオ猪木の証明』（木村光一、アートン）
『アントニオ猪木自伝』（猪木寛至、新潮文庫）
『猪木神話の全真相』（渋澤恵介、ベストセラーズ）
『新日本プロレス20年史』（新日本プロレスリング）
『猪木式教育論「父親の背中」の見せ方』（アントニオ猪木、講談社）
『甦る怒濤の男 力道山』（ジャイアント馬場監修、ダイナミックセラーズ）
『流血の魔術 最強の演技』（ミスター高橋、講談社）
『Muhammad Ali : A Thirty-Year Journey』（Robson Books Ltd）

■新聞

『朝日新聞』『京都新聞』『産経新聞』『東京新聞』『毎日新聞』『読売新聞』
『スポーツニッポン』『日刊スポーツ』『デイリースポーツ』
『東京スポーツ』『日本経済新聞』
『レジャーニューズ』『ロサンゼルス・タイムズ』

■雑誌

『芸術新潮』『ゴング』『Gスピリッツ』『サンデー毎日』『週刊アサヒ芸能』
『週刊サンケイ』『週刊大衆』『週刊現代』『週刊プレイボーイ』『週刊プロレス』
『週刊文春』『週刊宝石』『週刊明星』『週刊読売』『SAY』『週刊ファイト』
『日本プロレス事件史』『プロレス』『文藝春秋』『ニューズウィーク』
『新日本プロレス黄金時代「伝説の40番」完全解明』（ミスター高橋解説、別冊宝島）
『週刊ゴング7月10日増刊 20年目の検証 猪木・アリ戦の真実』（日本スポーツ出版社）

瑞 佐富郎　1971(昭和46)年、名古屋市生まれ。プロレス＆格闘技ライター。早稲田大学政治経済学部卒。1993(平成5)年、フジテレビ専門分野別クイズ番組『カルトQ』プロレス大会優勝。『さよなら、プロレス』など著書多数。

Ⓢ新潮新書

948

アントニオ猪木《いのき》
闘魂《とうこん》60余年《よねん》の軌跡《きせき》

著 者　瑞《みずき》 佐《さ》富《ぶ》郎《ろう》

2022年4月20日　発行

発行者　佐 藤 隆 信
発行所　株式会社 新潮社
〒162-8711　東京都新宿区矢来町71番地
編集部(03)3266-5430　読者係(03)3266-5111
https://www.shinchosha.co.jp
装幀　新潮社装幀室
印刷所　株式会社光邦
製本所　株式会社大進堂

ISBN978-4-10-610948-5 C0275

価格はカバーに表示してあります。